A você, que entrará agora nesta linda e reveladora psicografia, eu desejo muita luz, paz, amor e felicidade. Que as linhas por mim psicografadas lhe ajudem em sua jornada evolutiva.

São meus sinceros votos.

pelo Espírito Nina Brestonini

Por que VOCÊ MORREU?

Book Espírita Editora
1ª Edição
| Rio de Janeiro | 2023 |

Osmar Barbosa

BOOK ESPÍRITA EDITORA

Capa
Marco Mancen

Projeto Gráfico / Diagramação
Alone Editorial / Andressa Andrade

Imagens capa e miolo
Depositphotos / Pixabay

Revisão
Camila Coutinho

Marketing e Comercial
Michelle Santos

Pedidos de Livros e Contato Editorial
comercial@bookespirita.com.br

Copyright © 2023 by
BOOK ESPÍRITA EDITORA
Região Oceânica, Niterói,
Rio de Janeiro.

1ª edição
Prefixo Editorial: 991053
Impresso no Brasil

Dados Internacionais de Catalogação na Publicação (CIP)
(Câmara Brasileira do Livro, SP, Brasil)

```
Brestonini, Nina (Espírito)
   Por que você morreu? / pelo espírito Nina
Brestonini, [psicografia de] Osmar Barbosa. --
1. ed. -- Niterói, RJ : Ed. do Autor, 2023.

   ISBN 978-65-89628-24-8

   1. Espiritismo 2. Luto - Aspectos religiosos
3. Morte - Aspectos religiosos - Espiritismo
4. Psicografia 5. Romance espírita 6. Sofrimento -
Aspectos religiosos I. Barbosa, Osmar. II. Título.
```

23-145110   CDD-133.9

Índices para catálogo sistemático:

1. Romance espírita psicografado   133.93

Henrique Ribeiro Soares - Bibliotecário - CRB-8/9314

Todos os direitos reservados e protegidos pela Lei 9.610, de 19/02/1998. Nenhuma parte deste livro pode ser reproduzida ou transmitida por quaisquer formas ou meios eletrônicos ou mecânicos, incluindo fotocópia, gravação, digitação, entre outros, sem permissão expressa, por escrito, dos editores.

Recomendamos a leitura dos outros livros psicografados por Osmar Barbosa para maior familiarização com os Espíritos que estão neste livro.

O Editor.

O autor doou todos os direitos desta obra à
Fraternidade Espírita Amor e Caridade.
www.hospitalamorecaridade.org

Outros livros psicografados por Osmar Barbosa

Cinco Dias no Umbral

Gitano – As Vidas do Cigano Rodrigo

O Guardião da Luz

Orai & Vigiai

Colônia Espiritual Amor e Caridade

Ondas da Vida

Antes que a Morte nos Separe

Além do Ser – A História de um Suicida

A Batalha dos Iluminados

Joana D'Arc – O Amor Venceu

Eu Sou Exu

500 Almas

Cinco Dias no Umbral – O Resgate

Entre nossas Vidas

O Amanhã nos Pertence

O Lado Azul da Vida

Mãe, Voltei!

Depois

O Lado Oculto da Vida

Entrevista com Espíritos – Os Bastidores do Centro Espírita

Colônia Espiritual Amor e Caridade – Dias de Luz

O Médico de Deus

Amigo Fiel

Impuros – A Legião de Exus

Vinde à Mim

Autismo – A escolha de Nicolas

Umbanda para Iniciantes

Parafraseando Chico Xavier

Cinco Dias no Umbral – O Perdão

Acordei no Umbral

A Rosa do Cairo

Deixe-me Nascer

Obssessor

Regeneração – Uma Nova Era

Deametria – Hospital Espiritual Amor e Caridade

A Vida depois da Morte

Deametria – A Desobsessão Modernizada

O Suicídio de Ana

Cinco Dias no Umbral – O Limite

Guardião – Exu

Colônia Espiritual Laços Eternos

Despertando o Espiritual

Aconteceu no Umbral

Conheça um pouco mais de Osmar Barbosa:
www.osmarbarbosa.com.br

Agradecimentos

Agradeço primeiramente a Deus por ter concedido a mim esse verdadeiro privilégio de servir humildemente como um mero instrumento dos planos superiores.

Agradeço a Jesus Cristo, espírito modelo, por guiar, conduzir e inspirar meus passos nessa desafiadora jornada terrena.

Agradeço à Nina Brestonini e aos demais espíritos, ao lado dos quais tive a honra e o privilégio de passar alguns dias psicografando este livro. Agradeço, ainda, pela oportunidade e por permitirem que essas humildes palavras, registradas nesta obra, ajudem as pessoas a refletirem sobre suas atitudes, evoluindo.

Agradeço também a minha família, pela cumplicidade, compreensão e dedicação. Sem vocês ao meu lado, me dando todo tipo de suporte, nada disso seria possível.

E agradeço a você, leitor amigo, que comprou este livro, e, com a sua colaboração, nos ajudará a levar a Doutrina Espírita e todos os seus benefícios e ensinamentos para mais e mais pessoas.

Obrigado!

A todos, os meus mais sinceros agradecimentos.

Sumário

17 | PREFÁCIO

31 | O DESDOBRAMENTO

37 | MORTES PREMATURAS

57 | LAURA

77 | CAIO

91 | OUTRA VIDA

107 | O ÓDIO

123 | UM DIA ESPECIAL

137 | UM TEMPO DEPOIS

155 | A SEPARAÇÃO TEMPORÁRIA

171 | A VIDA ESPIRITUAL

203 | UMA NOVA VIDA

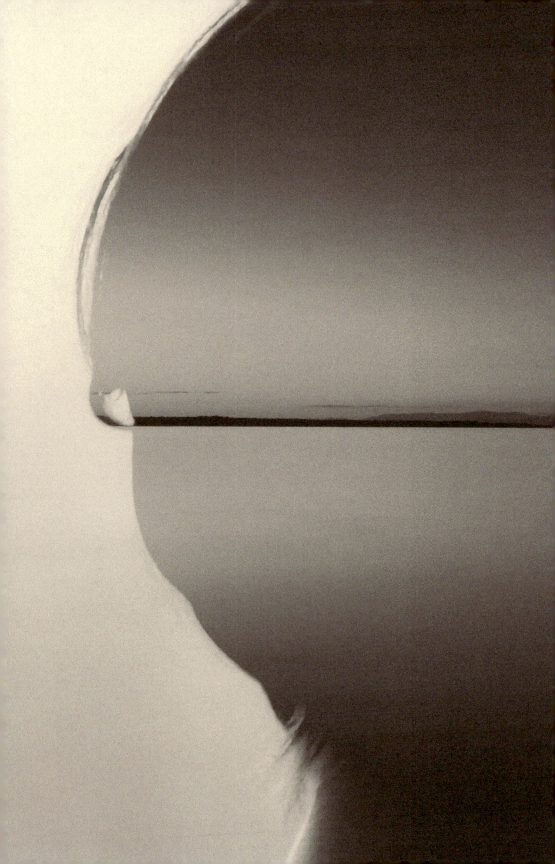

> *A vida não se resume a esta vida!*
>
> *Nina Brestonini*

Prefácio

Por que as pessoas que mais amamos morrem? Como explicar a ausência de pessoas tão especiais em nossa vida?

Eram esses os questionamentos que atordoavam a minha mente naquela manhã. Como explicar a perda de uma criança, por exemplo? Por que o destino nos reserva tamanho sofrimento? Por que vidas tão curtas?

Eu estou temporariamente como diretor do Hospital Espiritual Amor e Caridade, local onde exerço minha mediunidade todos os domingos pela manhã, e no qual auxilio os meus colegas no atendimento fraterno. Dia desses, recebi a visita de uma mulher com seus quarenta e poucos anos, sem nenhuma força para continuar. Ela se aproximou de mim para o atendimento, e eu fiquei muito preocupado em ver tanto sofrimento naquela mulher.

Ela se sentou à minha frente e permaneceu calada. Eu pude ver em seu olhar, sofrido, algumas lágrimas que começavam a molhar o seu rosto cansado. Busquei, então, pegar em sua mão para lhe transmitir segurança e confortar seu sofrimento, mostrar-lhe acolhimento para que pudesse se abrir. Ela estava muito triste.

Estou acostumado a atender mulheres com o mesmo sofrimento que o dela , mas confesso que aquela, especificamente, mexeu muito com os meus sentimentos, pois, nela, vi algo que não gostaria de ter visto nunca em nenhum irmão.

Depois de tantos anos fazendo a mesma coisa, além da mediunidade que possuo, consegui perceber também que algo de muito grave havia acontecido com ela, pois estava totalmente "apagada". Seu períspirito não refletia nenhuma luz. Sua aura sequer existia.

A mediunidade de clarividência nos permite enxergar o campo áurico da pessoa além do campo energético e vibracional. Os médiuns que possuem esse tipo de mediunidade são privilegiados, porém, o fato de ter a permissão para ver além dos olhos normais, por vezes, traz dor e sofrimento.

E aquela mulher não tinha nada... era um ser sem luz. Estava totalmente desmotivada, triste, depressiva, chorosa e infeliz.

Ao seu lado, percebi que havia o espírito de uma senhora muito idosa. Ela não falava nada, apenas olhava para mim, como se me pedisse para ajudar a mulher.

Preparei-me, respirei fundo e comecei o atendimento.

– Oi! – disse.

– Oi.

– Qual é o seu nome, minha irmã?

– Mônica (nome sugerido para preservar esta psicografia).

– Por que você está assim tão triste?

– Eu perdi o que mais amava na vida.

– Sua filha?

– Sim, ela se matou.

– Mônica, você tem outros filhos?

– Não, ela era a única. Me ajuda, por favor, eu não estou conseguindo. Não tenho mais nenhuma razão para viver. Não tenho forças para continuar. Todos os dias eu penso em tirar minha vida e ir ao encontro dela.

– Quanto tempo faz que ela morreu?

– Três meses.

– Você já se desfez das coisas dela?

– Não consigo. Passo o dia inteiro à base de remédios e cheirando as roupas dela, sentindo o seu cheirinho... é isso o que me mantém viva.

– Deixa eu te dizer uma coisa... tirar sua vida não vai te aproximar dela, pelo contrário, você pode ir para muito longe e demorar séculos para ter a permissão para reencontrá-la. Então, esse não é o caminho, tire isso da sua mente.

Ela, então, fixou o seu olhar em mim, atenta às minhas palavras, parecia mesmo que queria ouvir o que ela deveria fazer para sair daquela situação.

– Mônica, você tem que dar o primeiro passo para voltar a viver.

– Eu não consigo. Abandonei a minha carreira, não saio mais de casa, não vejo ninguém, não quero viver. Abandonei o trabalho, os amigos, a família, tudo...

– Olha, deixa eu te dizer mais uma coisa, mas, antes, qual é o nome da sua filha?

– Raquel (nome fictício).

– Deixa eu te perguntar, você conhece o meu trabalho?

– Sim, eu já li um livro seu, e foi por isso que juntei forças para vir te procurar. Estava há dias tomando coragem, e hoje decidi sair de casa.

– Se você já leu algum livro ao qual psicografei, você deve ter observado que a vida não termina quando morremos. Em todas as obras, os nossos amigos do além nos alertam para o que estamos fazendo e para o que virá depois.

– Eu vim aqui para saber do senhor, se for possível, é claro, como está a minha filha? Como está a Raquel?

– Bem, vou ser muito sincero com você, assim como sou com todas as pessoas às quais atendo e em todas as coisas às quais eu faço. Nesse momento, não consigo ter informações sobre a sua filha. Os meus mentores estão aqui ao meu lado me auxiliando no atendimento fraterno, e me disseram que eles ainda não têm acesso a ela, mas adiantaram que ela está bem, na verdade, se recuperando do acontecido. Consigo ver apenas uma senhora bem velhinha que chegou aqui junto a você. Ela me pede com o olhar para te ajudar. Não fala nada, apenas sinaliza para que eu te ajude.

– Deve ser a minha avó, foi ela quem me criou. Eu tenho muitas saudades dela também.

– Entendo. Ela realmente está muito preocupada com você. É muito simpática.

– Ela está sofrendo?

– Quem?

– Raquel.

– Os mentores só falam que ela está se recuperando nesse momento. Não temos mais informações sobre a sua filha.

– Será que algum dia terei notícias dela?

– Certamente. Se Deus permitir, eu mesmo trarei notícias dela para você. Quero ser o mensageiro que lhe trará informações sobre onde ela está, com quem está, e o que está fazendo.

– Eu preciso muito entender por que ela fez isso, por que ela se matou. Éramos tão amigas e confesso que nunca pensei que ela seria capaz de fazer o que fez. Não havia motivo aparente...

– Entendo. Ela estava passando por algum momento difícil?

– Não, estava tudo bem, ela estava feliz, estudando e cheia de sonhos. Apenas tinha se desentendido com o namoradinho, mas nada sério, ela não queria compromisso, pois estava focada em se formar.

– Entendo.

– Posso lhe perguntar uma coisa, seu Osmar?

– Claro, querida!

– Eu tenho medo dela estar sofrendo pelo que fez. Eu ouvi dizer que quem se suicida sofre muito no inferno ou Umbral, sei lá o nome, eu não sou estudada nessas coisas de espiritismo. É verdade mesmo?

– Na verdade, não podemos generalizar. Cada caso é um caso, e é tratado conforme a necessidade do espírito. Deus nos ama profundamente, e todos os seus filhos são assistidos após o desencarne. Não importa a forma pela qual desencarnamos, todos nós somos assistidos na vida espiritual pelos amigos que estão preparados para todos os tipos de dramas. Há uma organização perfeita em todas as coisas de Deus.

– Você acha que ela está sofrendo?

– Como lhe disse, não tenho mais nenhuma informação sobre o estado dela, apenas que ela está se recuperando. Provavelmente, ela já foi resgatada e está em alguma colônia espiritual para a sua recuperação.

– Eu queria muito poder abraçá-la mais uma vez. Perguntar onde foi que eu errei, por que ela se foi, por que ela fez o que fez. Por que me deixou...

– Vocês eram muito amigas?

– Vivíamos uma para a outra. Eu dediquei toda a minha existência a ela. Depois que me separei do pai dela, praticamente vivi em função dela.

— Ela era feliz?

— Muito. Estava ingressando na faculdade que sonhava. Tinha feito o vestibular e sido aprovada.

— Que faculdade ela ia fazer?

— Veterinária. Ela sonhava em cuidar dos animais, adorava os bichos.

— Entendo. Mas você precisa seguir em frente, minha querida irmã. Eu sei que é muito difícil, mas devemos crer na existência eterna e confiar que há um propósito em todas as coisas de Deus. Nada está ao acaso, e você terá as respostas para tudo o que está vivendo.

— Como seguir sem ela? Como continuar sem a minha filha? Eu preciso entender tudo isso... dói demais, seu Osmar, me ajuda...

— Deixa eu te dizer uma coisa, Mônica: em primeiro lugar, Raquel não morreu. Você tem que acreditar nisso, ela simplesmente viajou para um lugar distante por sua própria vontade. O que a fez cometer o suicídio nós saberemos quando ela se comunicar. Certamente, ela está muito arrependida do que fez, e é pelo arrependimento que conseguiremos a comunicação.

Em segundo lugar, eu posso te garantir que, no tempo certo, ela vai te explicar onde está, com quem está, e o que está fazendo... ela vai tirar todas as suas dúvidas e falar o porquê dela ter feito o que fez, quais foram os reais motivos que a levaram a querer deixar de viver entre nós. Você tem que confiar em Deus e saber que agora é Ele quem está cuidando dela. Ela não está sozinha, eu te garanto... Deus não nos abandona em nenhum momento, fique certa disso.

– Como esquecer o que vi? Como vou me conformar com o fato de ter que enterrar uma menina de 19 anos, cheia de vida, alegre, e que, aparentemente, não tinha nenhum motivo para fazer o que fez?

– É difícil mesmo de entender e aceitar, mas temos que ser fortes e buscar compreender que há um motivo para tudo o que acontece conosco.

– Está muito difícil para mim.

– Eu entendo perfeitamente o que você está vivendo, e confesso que não sei nem se eu suportaria tamanha dor, mas, como disse, nada do que acontece conosco é por acaso, tudo tem um motivo, uma razão, e, um dia, compreenderemos. Certamente, Raquel teve que resgatar algo do seu passado e, agora, segue sua jornada evolutiva na vida espiritual.

– Ah, Osmar, como é difícil...

– E seu marido, como está?

– O pai nunca quis saber dela, sequer foi ao enterro.

– Compreendo.

– Sabe o que é mais difícil para mim, Osmar?

– O que, querida irmã?

– Apagar da minha mente o corpinho dela pendurado no armário do quarto, com uma gravata presa ao pescoço.

– Minha querida irmã, eu consigo imaginar sua dor, sei que é muito difícil aceitar tudo o que você está vivendo, mas você tem que seguir em frente. Você não pode morrer com ela. Certamente, de onde estiver, ela deseja ardentemente que você supere esse momento difícil e junte forças para continuar.

– É assim que eu me sinto sem ela... morta.

– Confie em Deus, pois, agora, Ele é o pai e a mãe dela, e se Ele a levou é porque é o melhor para ela. Acredite que um dia vocês irão se encontrar novamente, e todos os seus mais íntimos questionamentos serão respondidos de forma clara, você vai entender, confie nisso.

Provavelmente, há alguma coisa do passado de vocês que precisava ser ajustada nesta vida. A morte física é um dos instrumentos usados para resgates de vidas passadas.

– Eu tive um sonho com ela.

– E como ela estava no sonho?

– Feliz, como se nada tivesse acontecido.

– Viu? Ela está bem, e você precisa ficar bem também. Eu vou te presentear com um livro que vai te ajudar muito, promete pra mim que você vai ler?

– Tenho lido bastante nesses últimos dias, e são os livros que estão me consolando. Agradeço muito a você pelo seu trabalho. Acho que se eu não tivesse lido os seus livros, certamente eu não estaria mais aqui. Eu já teria desistido da vida.

– Não pare de ler! Sou muito grato por ser o portador das mensagens que chegam no momento certo a pessoas como você, saiba disso!

– Não vou parar, prometo!

– Isso mesmo. Não vá embora sem antes pegar o seu presente comigo. Agora, vá até a sala azul do nosso hospital e receba uma carga fluídica para seu equilíbrio e bem-estar. Não fique assim não, sempre que precisar me procure, estou aqui para te ajudar.

– Obrigada, Osmar! Sou muito grata por suas palavras.

– Mônica, siga em frente! Mostre para a Raquel toda a sua força de superação, a sua força de mãe. Eu sei que é muito difícil, mas sua perseverança vai mostrar para ela que você está firme, e que o amor que sente por ela se transformou em coragem para seguir lutando todos os dias, buscando sua felicidade e esperando o dia em que, finalmente, você poderá reencontrá-la.

– Obrigada, Osmar!

– Vá com Deus, minha querida irmã!

Continuei com o meu trabalho normalmente até as 13h daquele domingo, embora aquele encontro tenha me deixado bem triste naquela manhã. Para mim, não é fácil fazer o que faço, podem ter certeza disso... sofro junto com todos que sofrem.

Ao chegar em casa e descansar após o almoço, fui surpreendido pela presença de Nina Brestonini, minha doce mentora espiritual.

– Olá, Osmar!

– Oi, Nina! Que bom te ver!

– Eu também estou feliz em estar aqui. Como você está?

– Estou bem. A que devo a honra da visita?

– Vamos escrever mais um livro?

– Sim, claro que sim! Agora?

– Se puder ser agora, eu agradeço.

– Claro! Só me dê um tempinho para me organizar.

– Sem pressa.

Preparei-me e fui para o local onde escrevo os livros. Ao chegar lá, a Nina já estava me esperando.

– Desculpe a demora, Nina.

– Sem problemas... podemos começar?

– Sim, vamos começar.

Sentei-me e, então, me preparei para o desdobramento.

– Nina, sobre o que iremos escrever?

– Você se lembra do atendimento que fez à Mônica hoje lá no hospital?

– Sim, claro que lembro, aliás morri de pena dela. Como é difícil para um pai ou uma mãe passar pelo que ela passou e ainda está passando.

– É sobre isso que iremos escrever. Sobre o porquê das pessoas morrerem de forma tão inesperada. Tenho uma linda história para te contar.

– Nossa! Sou o seu lápis, Nina.

– Vamos começar! – disse a mentora.

– Sim, vamos...

Em desdobramento, eu a segui para mais uma psicografia, a qual espero que auxilie a todos os pais que sofrem pela perda de seus filhos amados.

> Há um propósito em todas as coisas de Deus.
>
> *Lucas*

O desdobramento

Como todos vocês sabem, meus leitores, todos os livros aos quais escrevo, faço-os em desdobramento. Portanto, para você que chegou aqui pela primeira vez, vou explicar um pouco mais sobre esse tipo de fenômeno, pois é dessa forma que me conecto com os meus mentores, e que escrevo todas as obras, inclusive, as já publicadas.

Em termos espíritas, o desdobramento é uma faculdade anímica na qual o Espírito encarnado desliga-se parcialmente do seu corpo físico e viaja até os planos espirituais. Esse processo pode ocorrer com ou sem transe. É uma capacidade intrínseca ao ser humano que desenvolveu, ao longo da evolução da espécie, a possibilidade de desembaraçar-se do corpo material, dentro de certos limites, adquirindo alguma sensação de liberdade.

A faculdade de desdobramento é muito utilizada nas reuniões mediúnicas modernas. O sensitivo, através da concentração dos pensamentos, entra em uma espécie de transe que possibilita esse desprendimento parcial do Espírito colocando-se em condições de exercer tarefas de auxílio, geralmente orientado pelos Espíritos Instrutores.

Dessa forma, ele é colocado, muitas vezes, em contato com Espíritos sofredores, os quais necessitam de uma palavra amiga e consoladora, ou mesmo de um tratamento através das suas energias, as quais possuem uma densidade adequada a esse tipo de atendimento pela sua condição de encarnado, e também de escrever livros e mensagens de amigos do plano maior.

Apesar de muitos se referirem ao desdobramento como mediunidade, ele é um fenômeno anímico. Para usar o linguajar de Allan Kardec: é um fenômeno de emancipação da alma. A mediunidade se constitui numa intermediação entre os Espíritos desencarnados e o mundo material. Desdobrar-se, *grosso modo*, significa "sair do corpo". Esse simples fato não o torna médium, se ele não se constitui em transmissor de qualquer informação enviada do plano espiritual para o ambiente terreno.

Pode ser considerado uma espécie de mediunidade quando o sensitivo, durante o desprendimento, mantém um contato com a Espiritualidade, recebendo de lá comunicações que devem ser enviadas aos encarnados. O desdobramento não ocorre apenas nas reuniões mediúnicas. É fenômeno corriqueiro e acontece com as pessoas em geral, todas as vezes que dormimos.

Ele é o preâmbulo do sono. Quando o corpo adormece para o necessário repouso, o Espírito, desligado parcialmente dele, vai a diversos lugares para realizar as atividades que estejam em afinidade com as suas motivações íntimas. Para que ele entre no estado de sono, antes, precisa desdobrar-se, ou seja, afastar-se vibratoriamente do corpo biológico.

Também a mediunidade, seja na modalidade de psicofonia, psicografia, audiência, vidência, desenho ou pintura, entre outras, exige um desdobramento. O médium possui em seu organismo a facilidade de, ao entrar em estado de transe, desvencilhar-se do seu corpo em maior ou menor grau, de acordo com as características da sua faculdade mediúnica. Isso ocorre a fim de dar ao Espírito comunicante a oportunidade de assenhorear-se, através de uma expansão dada ao seu perispírito dos implementos perispirituais e, na sequência, cerebrais do médium.

O sonambulismo, bem como a dupla vista, a letargia, a catalepsia e o êxtase, todos eles classificados por Allan Kardec como fenômenos de emancipação da alma, têm o desdobramento como precondição para acontecerem. Às vezes, como é o caso da dupla vista, esse deslocamento do Espírito (sempre junto com o perispírito) é imperceptível, mas suficiente para fazê-lo enxergar além da realidade física presente.

Há outras situações ainda em que o desdobramento ocorre: no coma, durante o uso de algumas drogas alucinógenas ou, ainda, em certos estados psíquicos classificados como catatonia, e outros em que há um alheamento do meio externo.

POR QUE VOCÊ MORREU?

Deus, na sua sabedoria e bondade, concedeu ao homem a capacidade de vez ou outra, retemperar-se no mundo espiritual, através da faculdade do desdobramento. Assim, ele recobra parte das suas faculdades de Espírito, como que descansando da rudeza da vida na matéria, além de absorver as energias mais sutis necessárias ao seu refazimento para a continuidade do aprendizado aqui na Terra.

Vivendo no ambiente terreno em meio às dificuldades e desafios diários, imerso na atmosfera densa da matéria, pode o homem aliviar-se dessas lutas desacoplando-se temporariamente do organismo físico, retornando ao mundo espiritual e tendo o contato com Espíritos esclarecidos que o orientam, a fim de direcionar-se melhor no caminho do progresso.

Eu sou eternamente grato por ter essa condição e, através dela, conseguir repassar a vocês as informações que constam nas obras psicografadas. Confesso que, por vezes, realmente me sinto como um lápis nas mãos dos Espíritos, além de ser muito gratificante receber, diariamente, as mensagens de gratidão que recebo de vocês por ser o mensageiro que instrui e esclarece a tantas pessoas o que de fato acontece conosco na vida após a vida.

Nesta obra, eu tive momentos muito difíceis, pois ver o sofrimento alheio não é algo que me deixa feliz, mas, ao final, compreendi que é através das experiências, boas e ruins, que nos tornamos melhores.

Aprendi também que devemos sempre dedicar a nossa mediunidade e as mensagens oferecidas pelos mestres de luz, como forma de sermos úteis à sociedade em geral e, dessa forma, cumprir com os nossos propósitos encarnatórios.

Acredito, sinceramente, que tudo o que eu passo na vida tem objetivos evolutivos; o fato de ser médium não me exime de passar por situações, às vezes, revoltantes, mas, são elas, as experiências como encarnado, que a mim possibilitam e oportunizam evoluir.

Como já dito pelo Lucas e pela Nina, nesta e em outras psicografias: "tudo o que te acontece, tem um propósito", portanto, aproveite cada situação para extrair dela a experiência necessária para que você possa se tornar um espírito melhor.

Chegamos a uma linda casa, onde havia uma família, e Nina me pediu para prestar muita atenção e começar a escrever...Assim, começamos mais uma psicografia.

Sejam bem-vindos ao livro *Por que você morreu?*.

> *Não existem finais, apenas recomeços...*
>
> *Nina Brestonini*

Mortes prematuras

Antes de iniciarmos esta psicografia, eu gostaria de expor a você, leitor, o que o espiritismo explica sobre as mortes prematuras.

"Se a nossa esperança em Cristo se limita apenas a esta vida, somos mais infelizes de todos os homens."

Paulo (I Coríntios, 15:19)

Perda de pessoas amadas

"Quando a morte ceifa nas vossas famílias, arrebatando, sem restrições, os mais moços antes dos velhos, costumais dizer: Deus não é justo, pois sacrifica um que está forte e tem grande futuro e conserva os que já viveram longos anos cheios de decepções; pois leva os que são úteis e deixa os que para nada mais servem; pois despedaça o coração de uma mãe ou de um pai, privando-os da inocente criatura que era toda sua alegria.

Humanos, é nesse ponto que precisais elevar-vos acima da terra e da vida, para compreenderdes que o bem, muitas vezes, está onde julgais ver o mal, a sábia previdência onde pensais divisar a cega fatalidade do destino.

POR QUE VOCÊ MORREU?

Por que haveis de avaliar a justiça divina pela vossa? Podeis supor que o Senhor dos mundos se aplique, por mero capricho, a vos infligir penas cruéis? Nada se faz sem um fim inteligente e, seja o que for que aconteça, tudo tem a sua razão de ser. Se perscrutásseis melhor todas as dores que vos advêm, nelas encontraríeis sempre a razão divina, razão regeneradora, e se vossos miseráveis interesses se tornariam de tão secundária consideração, que os atiraríeis para o último plano.

Crede-me, a morte é preferível, numa encarnação de vinte anos, a esses vergonhosos desregramentos que pungem famílias respeitáveis, dilaceram corações de mães e fazem que antes do tempo embranqueçam os cabelos dos pais.

Frequentemente, a morte prematura é um grande benefício que Deus concede àquele que se vai e que assim se preserva das misérias da vida, ou das seduções que talvez lhe acarretassem a perda. Não é vítima da fatalidade aquele que morre na flor dos anos; é que Deus julga não convir que ele permaneça por mais tempo na Terra.

É uma horrenda desgraça, dizeis, ver cortado o fio de uma vida tão prenhe de esperanças! De que esperanças falais? Das da Terra, onde o liberto houvera podido brilhar, abrir caminho e enriquecer? Sempre essa visão estreita, incapaz de elevar-se acima da matéria. Sabeis qual teria sido a sorte dessa vida, ao vosso parecer tão cheia de esperanças? Quem vos diz que ela não seria saturada de amarguras? Desdenhais então das esperanças da vida futura, ao ponto de lhe preferirdes as da vida efêmera que arrastais na Terra? Supondes então que mais vale uma posição elevada entre os homens, do que entre os Espíritos bem-aventurados?"

*Sanson, ex-membro da Sociedade Espírita de Paris, 1863. (Allan Kardec, O evangelho segundo o Espiritismo, 92. ed., cap. V, item 21).

Destino das crianças após a morte

"O Espírito de uma criança, morta em tenra idade, é tão avançado como de um adulto?"

"Algumas vezes muito mais, porque pode ter vivido mais e adquirido maior soma de experiência, sobretudo se progrediu."

"O Espírito de uma criança pode, assim, ser mais adiantado do que o de seus pais?"

"Isto é muito frequente; vós mesmos não vedes isso muitas vezes na Terra?" (Allan Kardec, O livro dos espíritos, 158. ed., perg. 197).

"Pertence a uma categoria superior o Espírito de uma criança que morreu em tenra idade, não podendo ser feito o mal?

"Se não fez o mal, também não fez o bem, e Deus não o isenta das provas que deve suportar. Se é puro não é porque é criança, mas porque progrediu muito." (Allan Kardec, O livro dos espíritos, 158. ed., perg. 198).

POR QUE VOCÊ MORREU?

"Por que a vida, frequentemente, é interrompida na infância?"

"A duração da vida de uma criança pode ser, para o Espírito que está nela encarnado, o complemento de uma existência interrompida antes do seu tempo marcado, e sua morte, no mais das vezes, é uma prova ou uma expiação para os pais."

"Que sucede ao Espírito de uma criança que morreu em tenra idade?"

"Recomeça uma nova existência.

Se o homem tivesse uma só existência, e se depois dessa existência sua sorte futura fosse fixada para a eternidade, qual seria o mérito da metade da espécie humana que morre em tenra idade para desfrutar sem esforços, da felicidade eterna, e por qual direito ficaria isenta das condições, frequentemente, tão duras, impostas à outra metade? Uma tal ordem de coisas não estaria de acordo com a justiça de Deus.

Pela reencarnação, a igualdade é para todos; o futuro pertence a todos sem exceção e sem favor para ninguém; os que chegam por último não podem culpar senão a si mesmos. O homem deve ter o mérito dos seus atos, como tem a responsabilidade." (Allan Kardec, O *livro dos espíritos*, 158. ed., perg. 199-199a).

O Espírita ante o desencarne prematuro

"As mortes prematuras são verdadeiras tragédias para quantos se não abeberaram, ainda, nos regatos de luz e consolação da Doutrina dos Espíritos.

O corpo inerte de uma criança, ou de um jovem na plenitude da resistência, da vitalidade física, encarnando todo um mundo de esperanças e alegrias para a família, arranca compreensíveis lágrimas e expressões de inconsciente revolta contra tudo e contra todos, às vezes, até contra a Suprema Bondade.

[...] Allan Kardec recolheu, dos Espíritos, a afirmativa de que as mortes prematuras, também não raro, constituem 'provação ou expiação para os pais'.

[...] O conhecimento do Espiritismo e o esforço de sua aplicação na vida prática funcionam à maneira de refrigério para os que se lhe agregaram às hostes de luz e entendimento, para a renovação no trabalho.

Nos escaninhos de uma desencarnação prematura, acende-se, ou deveria acender-se, sempre, a chama das grandes e fundamentais transformações espirituais para os pais daqueles que partem na primavera da existência física, caracterizando-se, esse decesso, por abençoada pedra de toque para que a criatura desperte na direção de objetivos mais altos.

Seres que nunca se haviam interessado pelo lado superior da vida acordam, ao impacto da dor e da saudade, iniciando a aquisição de valores morais e espirituais. [...].

[...] Quando Allan Kardec perguntou aos Espíritos 'que utilidade encontrará um Espírito na sua encarnação em um corpo que morre poucos dias depois de nascido?', responderam eles: 'O ser não tem consciência plena da sua existência. Assim, a importância da morte é quase nenhuma. Conforme já dissemos, o que há nesses casos de morte prematura é uma prova para os pais'.

Esse gênero de morte, especialmente na fase da gestação, com o reencarnante enclausurado, ainda, no seio daquela que lhe seria mãe carinhosa, pode ser debitado, algumas vezes, a outras causas, tal como emissões mentais desequilibradas, que atingem, fatalmente, o organismo em formação.

Chora, discreto, mas se fortalece na oração.

Na certeza da Imortalidade Gloriosa, reprime o pranto que desliza na fisionomia sofrida, porém busca na Esperança, uma das virtudes evangélicas, o bálsamo para a saudade justa. Jamais se confia ao desespero.

Não cede aos apelos da revolta, porque revolta é insubordinação ante a Vontade do Pai, que o espírita aprende a aceitar, paradoxal e estranhamente jubiloso, por dentro, vergado embora ao peso das mais agudas aflições.

A submissão aos desígnios superiores significa desejo de integração com o Senhor da Vida, entre nós, encarnados e desencarnados, representado pelas leis que sustentam a própria Vida Universal."

Leis morais e leis físicas. (Martins Peralva, *O pensamento de Emmanuel*, 2. ed., p.74).

Diante da perda de um filho

"Em vez de vos queixardes, regozijai-vos quando praz a Deus retirar deste vale de misérias um de seus filhos. Não será egoístico desejardes que ele aí continuasse para sofrer convosco? Ah! Essa dor se concebe naquele que carece de fé e que vê na morte uma separação eterna. Vós, espíritas, porém, sabeis que a alma vive melhor quando desembaraçada do seu invólucro corpóreo. Mães, sabeis que vossos filhos bem-amados estão perto de vós; sim, estão muito perto; seus corpos fluídicos vos envolvem, seus pensamentos vos protegem, a lembrança que deles guardais os transporta de alegria, mas também vossas dores desarrazoadas os afligem, porque denotam falta de fé e exprimem uma revolta contra a vontade de Deus.

Vós, que compreendeis a vida espiritual, escutai as pulsações do vosso coração a chamar esses entes bem-amados e, se pedirdes a Deus que os abençoe, em vós sentireis fortes consolações, dessas que secam as lágrimas; sentireis aspirações grandiosas que vos mostrarão o porvir que o soberano Senhor prometeu."

*Sanson, ex-membro da Sociedade Espírita de Paris, 1863. (Allan Kardec, O evangelho segundo o Espiritismo, 92. ed., cap. V, item 21).

Porque morrem as flores

"Não há lugar para o acaso na existência humana. Deus não é um jogador de dados a distribuir alegria e tristeza, felicidade e infelicidade, saúde e enfermidade, vida e morte, aleatoriamente. Existem leis instituídas pelo Criador que disciplinam a evolução de Suas criaturas, oferecendo-lhes experiências compatíveis com suas necessidades.

POR QUE VOCÊ MORREU?

Uma delas é a Reencarnação, a determinar que vivamos múltiplas existências na carne, quais alunos internados num educandário, periodicamente, para aprendizado específico. O conhecimento reencarnatório nos permite desvendar os intrincados problemas do Destino. Deus sabe o que faz quando alguém retorna à Espiritualidade em plena floração infantil.

Há suicidas que reencarnam para jornada breve. Sua frustração, após longos e trabalhosos preparativos para o mergulho na carne, os ajudará a valorizar a existência humana e a superar a tendência de fugir de seus problemas com o auto aniquilamento.

Ao mesmo tempo, o contato com a matéria representará um benéfico tratamento para os desajustes perispirituais provocados pelo tresloucado gesto. Crianças portadoras de graves problemas congênitos, que culminam com a desencarnação, enquadram-se perfeitamente nessa condição.

Poderão, se oportuno, reencarnar novamente na mesma família, passado algum tempo, em melhores condições de saúde e com mais ampla disposição para enfrentar as provações da Terra. Não raro, o filho que nasce após a morte de um irmão revela idêntico padrão de comportamento, com as mesmas reações e tendências.

'É igualzinho ao irmão que faleceu!' comentam os familiares. Igualzinho, não! É ele próprio de retorno para novo aprendizado...

Há, também, Espíritos evoluídos que reencarnam com o propósito de despertar impulsos de espiritualidade em velhos afeiçoados, seus pais e irmãos, ajudando-os a superar o imediatismo da vida terrestre. Situam-se por crianças adoráveis, em face de sua posição evolutiva, extremamente simpáticas, inteligentes e amorosas. Os pais consagram-lhes extremado afeto, elegendo-as como principal motivação existencial. Sua desencarnação deixa-os perplexos, traumatizados.

Todavia, na medida em que emergem da lassidão e do desespero, experimentam abençoado desencanto das futilidades humanas e sentem o despertar de insuspeitada vocação para a religiosidade, no que são estimulados pelos próprios filhos que, invisíveis ao seu olhar, falam-lhes na intimidade do coração, na sintonia da saudade.

Os que se debruçam sobre o esquife de uma criança muito amada compreenderão, um dia, que a separação de hoje faz parte de um programa de maturação espiritual que lhes ensejará uma união mais íntima, uma felicidade mais ampla e duradoura no glorioso reencontro que inelutavelmente ocorrerá." (*Richard Simonetti*)

Caso do menino Carlinhos

Livro: *Mensagem do pequeno morto*, 3. ed., FEB.
Autor: Neio Lúcio
Médium: Francisco C. Xavier
Situação: Desencarne de Carlinhos

As últimas impressões

"E, para falar francamente a você, tive medo, muito medo, ao perceber que tudo ia acabar-se, pois sempre ouvira dizer que a morte do corpo é o fim de todas as coisas.

Agora, porém, posso afirmar que isso não é verdade.

Lembra-se do último dia que passei em casa?

Mamãe chorava tanto!...

Papai, muito sério, ia de um lado para outro, na sala contígua ao nosso quarto.

O Doutor Martinho, nosso bom amigo, segurava-me as mãos, e você, Dirceu, sentado na poltrona de vovó, olhava-me ansioso e entristecido." (p. 11).

O amparo familiar

"Tia Eunice entrou pelo quarto adentro, com grande surpresa para mim, abraçou mamãe, sem que mamãe a visse, e, depois, sentou-se ao meu lado, dizendo:

— Então, Carlinhos, você que é tão valente, está medroso agora?

Se fosse noutra ocasião, penso que não me comportaria bem, porque sempre ouvira dizer que os mortos são fantasmas e nossa tia já era morta. Achava-me, porém, tão aflito que experimentei grande consolação com as palavras encorajadoras que me dirigia. Necessitava de alguém que me reanimasse." (p. 15).

"Após acomodar-se à cabeceira, nossa tia pousou a mão macia sobre a minha cabeça e grande alívio me banhou o coração." (p. 17).

" — Descanse, Carlinhos! Ceda, sem temor, à influência do sono. Velarei por você...

Em seguida, passou a mão direita, de leve e repetidamente, sobre a minha garganta cheia de feridas. A transformação que experimentei foi completa. Acreditei que me estivesse aplicando deliciosa compressa de alívio. As dores que me atormentavam, havia tanto tempo, cederam, pouco a pouco.

Indizível tranquilidade dominou-me, por fim. Entreguei-me, confiante, aos carinhos de Tia Eunice, como me abandonava, comumente, à ternura de mamãe." (p. 19-20).

O desencarne

" — Durma, Carlinhos! Você está cansado... Nada respondi com a boca; entretanto, concordei mentalmente, agradecido e reconfortado.

Tia Eunice observou-me a silenciosa atitude de satisfação, porque, nesse instante, curvou-se e beijou-me.

Recordei-me, então, do beijo de mamãe, cada noite, e, em vista do alívio que eu sentia, entreguei-me finalmente ao sono bom." (p. 20).

A perturbação

"O sono sem sonhos durou apenas algumas poucas horas, porque estranho pesadelo passou dominar-me inteiramente.

Parecia-me vaguear numa atmosfera obscura e indefinível." (p. 21).

O desligamento

"Compreendi que me encontrava agarrado a substâncias pegajosas, como o passarinho preso ao visgo. Notei, todavia, que alguém me libertava, despojando-me de um fardo, como acontece ao desfazer-nos da roupa comum... Desde então, apesar de prosseguir na mesma atmosfera de sonho, não mais senti as mãos de mamãe, mas somente as de Tia Eunice, que me aconchegou ao coração." (p. 22).

O despertar

"Quanto tempo gastei, nesse sono pesado, sem lembranças? Não conseguiria responder.

Sei somente que despertei, assustado, sem atinar com a situação." (p. 25).

A criança no mundo espiritual

"Antes que eu pudesse refletir sobre a nova situação, abriu-se uma porta próxima, dando passagem à Tia Eunice, que se aproximou de mim, sorridente, e, sentando-se ao meu lado, disse-me, na perfeita compreensão do que me ocorria:

— Não se assuste, Carlinhos! Você está presentemente entre nós." (p. 28).

A colônia espiritual

"Novo mundo descortinava-se à minha vista.

A paisagem ambiente era bela e prodigiosa. Bonitas casas, semelhantes de algum modo às nossas, apesar de serem muito mais lindas, alinhavam-se, de espaço a espaço, com graça e encanto. Todas elas cercavam-se de pequenos ou grandes jardins, ligados ao fundo por arvoredo agradável aos olhos." (p. 43).

A saudade

" — Todos sentimos a falta dos entes queridos que permanecem no mundo. A dor da distância nos atinge em comum. Entretanto, como poderíamos auxiliar os que ficaram permanecendo inconformados? Resolveríamos tão importante problema, chorando sem consolo?

Afinal de contas, não somos os únicos em semelhante prova. Existem aqui alguns milhares de jovens nas mesmas condições." (p. 59).

O trabalho

"Já não possuo mais ócios e nem horas desaproveitadas.

Em todos os instantes consagrados a recreios e diversões, encontro árvores para cuidar e animaizinhos daqui, aos quais posso auxiliar com eficiência e proveito.

Eu, que tanto me alegrava vendo as aves perseguidas pelos meninos fortes, hoje me dedico a ajudar pequenos pássaros na construção de ninhos." (p. 79).

Escolas para crianças no Além

Livro: *Escolas no Além*, 1. ed., FEB.

Médium: Francisco C. Xavier

Autora: Cláudia Pinheiro Galasse

Situação: Cláudia narra suas experiências como instrutora de crianças, em uma escola na Colônia Espiritual.

Crianças menores

"Fiquei com os menores entre os menores, crianças que voltaram da experiência física, de meses até dois anos, no corpo que tentaram em vão desenvolver.

Regressaram, mas, por um período variável de tempo, necessitarão de companhia que substitua as afeições que usufruíam no mundo." (p. 29).

"As crianças que nos enriquecem de alegria nos são enviadas pela Direção Geral, de quem recebemos instruções e avisos referentemente a cada uma, e isso nos faz viver numa escola bendita, onde temos o encargo de conduzi-las aos primeiros conhecimentos que devem receber na Vida Espiritual." (p. 41).

A disciplina

"É o que observamos no Plano Espiritual quando da preparação dos espíritos. A disciplina é rigorosamente observada, regida como base fundamental na educação e envolvimento cultural dessas crianças.

Com horários específicos, criam no diálogo e na leitura, conhecimentos gerais de acordo com a capacidade mental que apresentem." (p. 49).

A reencarnação

"Tenho acompanhado a minha classe de crianças necessitadas de diálogo e do carinho para se prepararem, muitas delas, para a reencarnação que se lhes fará necessária." (p. 34).

"Tenho encontrado muitas dessas crianças em nosso recanto do IDEAL e desejava que você lhes ouvisse os planos que fazem ante a volta para a Vida Física em que vão experimentar, de novo, as próprias forças." (p. 34-35).

Todas reencarnarão?

" — Nem todas. Algumas esperarão aqui mesmo os pais que virão encontrá-las no futuro e, então, com eles e junto deles, decidirão o que lhes cabe fazer." (p. 98).

Joias devolvidas

Simonetti tece esclarecimentos sobre o texto a seguir, de Malda Tahan: "A esse propósito, oportuno recordar antiga história oriental sobre um rabi, pregador religioso judeu que vivia muito feliz com sua virtuosa esposa e dois filhos admiráveis, rapazes inteligentes e ativos, amorosos e disciplinados".

"Existe uma palavra-chave para enfrentarmos com serenidade e equilíbrio a morte de um ente querido: submissão. Ela exprime a disposição de aceitar o inevitável, considerando que, acima dos desejos humanos, prevalece a vontade soberana de Deus, que nos oferece a experiência da morte em favor do aprimoramento de nossa vida.

A esse propósito, oportuno recordar antiga história oriental sobre um rabi, pregador religioso judeu que vivia muito feliz com sua virtuosa esposa e dois filhos admiráveis, rapazes inteligentes e ativos, amorosos e disciplinados.

Por força de suas atividades, certa vez o rabi ausentou-se por vários dias, em longa viagem.

Nesse ínterim, um grave acidente provocou a morte dos dois moços.

Podemos imaginar a dor daquela mãe!... Não obstante, era uma mulher forte.

Apoiada na fé e na inabalável confiança em Deus, suportou valorosamente o impacto. Sua preocupação maior era o marido. Como transmitir-lhe a terrível notícia?!... Temia que uma comoção forte tivesse funestas consequências, porquanto ele era portador de perigosa insuficiência cardíaca. Orou muito, implorando a Deus uma inspiração. O Senhor não a deixou sem resposta...

Passados alguns dias, o rabi retornou ao lar. Chegou à tarde, cansado após longa viagem, mas muito feliz. Abraçou carinhosamente a esposa e foi logo perguntando pelos filhos...

Não se preocupe, meu querido. Eles virão depois. Vá banhar-se, enquanto preparo o lanche.

Pouco depois, sentados à mesa, permutavam comentários do cotidiano, naquele doce enlevo de cônjuges amorosos, após breve separação.

E os meninos? Estão demorando!...

Deixe os filhos... Quero que você me ajude a resolver grave problema...

O que aconteceu? Notei que você está abatida!... Fale! Resolveremos juntos, com a ajuda de Deus!...

Quando você viajou, um amigo nosso procurou-me e confiou à minha guarda duas joias de incalculável valor. São extraordinariamente preciosas! Nunca vi nada igual! O problema é esse: ele vem buscá-las e não estou com disposição para efetuar a devolução.

Que é isso, mulher! Estou estranhando seu comportamento! Você nunca cultivou vaidades!...

É que jamais vira joias assim. São divinas, maravilhosas!...

Mas não lhe pertencem...

Não consigo aceitar a perspectiva de perdê-las!...

Ninguém perde o que não possui. Retê-las equivaleria a roubo!

Ajude-me!...

Claro que o farei. Iremos juntos devolvê-las, hoje mesmo!

Pois bem, meu querido, seja feita sua vontade. O tesouro será devolvido. Na verdade, isso já foi feito. As joias eram nossos filhos. Deus, que no-los concedeu por empréstimo, à nossa guarda, veio buscá-las!...

O rabi compreendeu a mensagem e, embora experimentando a angústia que aquela separação lhe impunha, superou reações mais fortes, passíveis de prejudicá-lo.

Marido e mulher abraçaram-se emocionados, misturando lágrimas que se derramavam por suas faces mansamente, sem burburinhos de revolta ou desespero, e pronunciaram, em uníssono, as santas palavras de Jó:

"Deus deu, Deus tirou. Bendito seja o Seu santo nome." (R. Simonetti, *Quem tem medo da morte?* 4. ed., p. 138).

> *Aquele que crê em mim, ainda que morra, viverá...*
>
> (*João, 11:25*)

Laura

A cidade à qual chegamos era linda, e as ruas cheias de vida. Coloridas bougainvílleas enfeitavam as fachadas das belas casas no tranquilo e pacato lugar.

O Sol enfeitava os dias de verão, e era possível ver pessoas felizes passeando com seus animais nas primeiras horas matinais. Algumas faziam caminhada pelas alamedas esverdeadas, e todos se cumprimentavam com sorrisos alegres e inesquecíveis.

– Bom dia, querida!

– Bom dia, meu amor!

– E as crianças, já acordaram?

– Já. Estão se arrumando para a escola. Acordaram cedo hoje!

– Apresse-as, por favor, querida, não posso me atrasar hoje, pois tenho compromissos importantes... reuniões e mais reuniões, como sempre.

– Eles já vão descer, querido. Eu fiz panquecas, você vai querer?

– Você sempre me agradando... claro que sim!

– Deve ser porque te amo mais que tudo nessa vida.

– Eu também te amo muito, querida – disse Luciano abraçando carinhosamente Flávia e lhe beijando o rosto.

– Sente-se, amor, já vou servir o café – disse Flávia.

Luciano sentou-se à cabeceira da mesa e ficou à espera dos filhos e do café da manhã preparado com amor pela esposa.

O dia lá fora fazia um convite à vida. Pássaros cantavam anunciando mais um lindo dia naquela pequena cidade. O Sol irradiava os seus raios luminosos.

– Olha eles aí! – disse Luciano, feliz ao perceber a chegada dos filhos Tiago e Laura.

– Bom dia, papai!

– Bom dia, filhota!

– Bom dia, mamãe!

– Bom dia, meu amor! Colocou suas coisas na mochila?

– Sim, mamãe, coloquei os cadernos e tudo o que eu preciso para a aula de hoje, inclusive o livro novo.

– Bom dia, Tiago!

– Bom dia, pai! Bom dia, mãe!

– Bom dia, meu filho!

– Tomem logo o café de vocês, pois hoje o papai não pode se atrasar, ele tem um dia cheio de reuniões e compromissos.

Laura e Tiago sentaram-se à mesa da cozinha, que era, por sinal, muito bem decorada por Flávia.

Laura, uma linda menina de apenas 15 anos de idade, era morena de olhos claros, cabelos longos, e silhueta de mulher.

Tiago, seu irmão mais velho, com 16 anos já se vestia como um rapaz. Tinha os cabelos penteados com gel, era muito vaidoso, e também muito bonito.

Laura cursara o ensino fundamental. Era uma aluna exemplar, muito inteligente e dona das melhores notas da escola. Já Tiago tinha suas dificuldades, mas também era um bom aluno.

– Hoje eu tenho prova, mãe.

– Prova de que, Laurinha?

– Inglês.

– E você estudou?

– Estou preparada.

– E você, Tiago, não tem prova hoje?

– Não, minhas provas só começam na semana que vem, mãe.

– Crianças, hoje eu não poderei pegar vocês na escola, pois tenho que mostrar um imóvel para um cliente novo – disse Flávia.

Laura sorriu por dentro.

– Então, podemos voltar de carona com a mãe do Caio?

– Podem sim, eu até já combinei com a Luciana de vocês voltarem com ela.

O coração de Laura disparou, afinal, ela iria voltar da escola com seu grande amor.

– Eu posso voltar com o Guilherme, mãe?

– Pode, Tiago, sem problemas. Mas venha direto para casa para olhar a sua irmã.

– Pode deixar.

– Todos prontos?

– Sim, pai, eu estou pronta.

– Mas você não comeu nada, filha.

– Não estou com muita fome hoje.

– Eu sei por que você perdeu o apetite... – disse Flávia.

– Por quê? – perguntou Luciano.

Laura olhou séria para a mãe, como se reprimisse seu comentário.

– Coisas de menina... – disse Flávia para o alívio de Laura.

– Vamos crianças, não posso me atrasar – disse Luciano se levantando da mesa.

– Tchau, mãe.

– Tchau, filha. Faça uma boa prova!

– Pode deixar.

– Tchau, Tiago!

– Tchau, mãe.

Após beijarem Flávia, Laura e Tiago seguiram em direção à garagem para entrar no carro.

– Tchau, amor, até mais tarde.

– Tchau, querido! – disse Flávia beijando a face de Luciano.

– Boa venda lá hoje!

– Deus queira que aquele senhor queira comprar a casa, pois há meses ninguém se interessa por ela. Minhas esperanças estão depositadas nessa visita. Até pedi ao Jonas para cortar a grama e dar uma boa limpada na casa toda. Hoje ela sai, se Deus quiser!

– Ele vai querer, e você fará essa venda hoje, pode acreditar.

– Deus te ouça, meu amor!

Após beijar Flávia novamente, Luciano dirigiu-se à garagem e seguiu para deixar as crianças na escola antes de ir para o seu trabalho.

Flávia tinha 37 anos e era corretora de imóveis. Trabalhava em sua própria corretora, que montara há mais de dez anos. Com ela trabalhavam Alice, Antônio e a secretária Marli. Todos eram bem dedicados ao trabalho, e a imobiliária era um sucesso, uma referência na cidade.

Luciano, um ano mais velho que Flávia, era gerente em uma indústria de laticínios, e trabalhava no lugar desde os 16 anos. Eles se casaram ainda jovens, mas decidiram que só teriam filhos quando estivessem formados e estabilizados na vida, o que aconteceu muito cedo, devido à dedicação e esforço do casal.

Luciano dirigia seu carro em direção à escola. Laura e Tiago estavam sentados na parte de trás do veículo, ambos em silêncio total.

Laura revisava a matéria da prova com o caderno de estudos aberto em seu colo.

Após alguns minutos...

– Chegamos, crianças! Boa prova, Laura! Tiago, vá direto para casa após a aula, como sua mãe recomendou, ouviu?

– Pode deixar, pai, pode deixar...

– Tchau, pai.

– Tchau, filha. Preste atenção na prova. Não se distraia com as amigas.

– Pode deixar, pai.

Ambos, então, desceram do carro e se dirigiram ao corredor que dava acesso às salas de aula.

A aula transcorria normalmente, até soar o sinal do recreio. Todos os alunos foram até o refeitório para a hora do lanche e do descanso.

Caio estava sozinho sentado a uma mesa à espera de Laura.

Em uma mesa não muito distante dali estavam Tiago e Guilherme conversando alegremente.

Laura, ao ver o rapaz, aproximou-se rapidamente e se sentou ao lado do seu amado.

– Oi, Laura!

– Oi, Caio! Como você está?

– Estou bem. A minha mãe me disse que vocês vão conosco de carona hoje.

– É. A minha mãe tem um compromisso e não poderá vir nos buscar, mas o Tiago não vai conosco, ele vai embora com o Guilherme.

– Que bom! Como foi sua prova? Eles estão sentados ali, você já viu? – perguntou Caio apontando para a mesa dos meninos.

– Finjo que não vejo, o meu irmão é um chato.

– Me diga, como foi na prova?

– Acho que tirei dez.

— Sério?

— Sim, estava muito fácil, mas eu também me preparei.

— Você é muito inteligente.

— Obrigada, Caio!

— Eu queria pedir à sua mãe para você ir lá em casa neste final de semana. O que você acha?

— Acho que ela não vai deixar, mas podemos pedir... não custa nada tentar.

— Você fala com ela? – quis saber o rapaz.

— Falo sim.

— Como está o seu cachorro... como é mesmo o nome dele?

— Meu cachorro?

— Sim.

— Thor.

— Eu amo o seu cachorro, ele é muito divertido.

— Eu também o amo. Ele é meu companheiro.

— Eu gostaria muito de ter um cão, mas mamãe não concorda em termos animais lá em casa.

— Lá em casa também era assim.

— E como o Thor chegou à sua vida?

— Eu achei ele bem pequenininho lá na praça central. Alguém o abandonou.

– Me conta essa história? Fiquei curiosa...

– Eu tinha ido ao cinema com alguns amigos, e depois da sessão fomos comer uma *pizza* naquela pizzaria que fica lá na praça, sabe?

– Sei.

– Aí, quando terminamos de comer, decidimos ir para casa, e cada um tomou o seu rumo. Foi quando eu ouvi um choro de cachorro bem baixinho no meio das plantas.

– E você estava com quem?

– Eu estava sozinho... os meus amigos já tinham ido para as suas casas.

– E aí, o que você fez?

– Aí eu comecei a procurar pelo cachorro, e o encontrei dentro de uma caixa de papelão cheia de jornais velhos.

– Ele era filhote?

– Sim, ele era bem pequenininho.

– Daí você o levou para casa?

– Sim, o levei escondido dentro do meu casaco... ele era bem filhotinho ainda, muito pequenininho mesmo.

– E qual é a raça dele?

– O veterinário disse que é uma mistura doida.

Risos...

– Mistura doida... só você mesmo, Caio.

– Aí eu fiquei com ele escondido no meu quarto por dois dias, até que a minha mãe descobriu.

– E aí?

– Aí foi o caos. Ela disse que eu tinha meia hora para me livrar dele.

– E seu pai?

– Ele sempre me apoiou para ter um cachorro. Minha mãe é que era a parte mais difícil.

– E aí?

– Aí, para a minha sorte, o meu pai tinha acabado de chegar do trabalho e entrou na conversa pedindo a ela que me deixasse ficar com ele.

– Aí ela deixou, né?

– Foi meio complicado no início, mas ela acabou cedendo à carinha triste que ele fez quando ouviu que iria ser abandonado novamente. Às vezes, eu acho que o Thor é gente, viu...

– Sério?

– É impressionante como ele é inteligente.

– Eu o amo! Quando é que você vai trazê-lo à escola outra vez?

– Quando tiver outro evento daquele, eu trago.

– Vou aguardar ansiosa.

Thor é um cão amarelo-claro, de estatura mediana, e muito simpático... ele é apaixonado por Caio. São companheiros inseparáveis, pois é muito difícil ver o Caio sem o Thor, e o Thor sem o Caio.

– Eu trouxe uma coisa para você – disse Caio.

– O quê? Ai meu Deus!

Caio abriu sua mochila e tirou dela uma carta.

Ele mostrou a carta para Laura, mas advertiu:

– Não pode ler agora.

– Jura? Não faz isso comigo...

– Juro. Esta carta é para você ler em casa, com calma e sozinha.

A carta estava lacrada dentro de um envelope branco, com uma frase escrita nele.

– Você está muito misterioso, Caio. Posso ler pelo menos a frase de fora da carta, então?

– Pode.

Laura leu a frase e ficou ainda mais curiosa...

Há muitos mistérios que somente o tempo irá revelar.

Caio

– Leia com calma e, se puder, me responda o mais breve possível.

– Pode deixar, vou lê-la em casa. Linda esta frase... foi você quem a criou?

– Obrigado, mas não é minha.

– De quem é?

– De uma menina que escreve livros, através de outra pessoa.

– Não entendi...

– Outra hora eu posso te explicar melhor essa parte.

– Vou cobrar, hein...

– Pode cobrar.

Naquele momento, Fernanda, a melhor amiga de Laura, aproximou-se da mesa na qual eles estavam sentados.

– Oie, pessoal! Posso me sentar aqui com vocês?

– Claro, Fernanda! – disse Laura sorrindo.

– Você é sempre bem-vinda, Fernandinha! – disse Caio, alegre.

– Você é um doce, Caio.

– E aí, como foi a prova, amiga? – perguntou Laura.

– Achei muito difícil... acho que me ferrei, mais uma vez.

– Difícil? Poxa, eu fiz em meia hora... – disse Laura.

– Mas você é a *Laurinha*, a garota mais inteligente da escola. Ninguém se compara a você, amiga.

– Que nada! É só estudar que dá tudo certo.

– Eu tento, Laura, eu tento... – disse Fernanda.

Todos riram...

– E você, Caio, como estão suas notas?

– Estão mais ou menos, mas acho que dá para passar de ano tranquilamente.

– Eu não posso nem pensar em repetir... a minha mãe me mata!

– Se você quiser, Fernanda, eu posso te ajudar... – disse Laura.

– Jura?

– Juro. Vamos marcar de estudar juntas, daí eu te ajudo com as suas dúvidas.

– Nem sei como te agradecer, Laurinha...

– Nem precisa, afinal, você é a minha melhor amiga. E é meu dever ajudar a minha melhor amiga.

– Então, pode ser neste final de semana?

– Neste final de semana eu já tenho um compromisso – disse Laura olhando fixamente para Caio.

– Já sei! Os pombinhos vão se ver.

– De onde você tirou isso, Fernanda?

– Dos olhos do Caio.

Risos...

– A gente está tentando ainda, mas tenho que pedir aos meus pais, sabe como é a minha mãe, né?

– Ela vai deixar, vamos confiar no cupido.

– Fernanda! – disse Laura mostrando-se brava.

– Estou brincando, amiga. Você acha que eles não vão deixar?

– Não sei, eu nunca pedi para ir à casa do Caio sem eles.

– Faz o seguinte: diga para eles que nós três vamos estudar juntos... eu não me importo em 'segurar vela'.

Naquele momento, Laura ficou envergonhada, afinal, nunca tinha namorado ninguém. Desde menina, entregara todos os seus sentimentos apenas ao Caio.

– E quem é que disse que somos namorados, Fernanda?

– Eu não disse nada, Laura, só fiz uma brincadeira.

– Pois não brinque com isso. Caio e eu somos apenas bons amigos.

– Sei... – disse Fernanda com ar de deboche.

– Fernanda... – advertiu Caio.

– Brincadeira, gente, é só uma brincadeirinha.

– Vou falar com a minha mãe hoje, quando eu chegar da escola.

– Faz o que estou dizendo, fala que nós vamos estudar juntos para as provas. Eu acho que se você pedir para ficar sozinha com o Caio ela não vai deixar, mas se disser que eu também vou pode ser que ela deixe.

— Acho uma boa ideia, Laura. Eu também pressinto que, embora nossos pais sejam amigos há muitos anos, sua mãe não vai deixar você ficar sozinha comigo.

— Está bem! Vou dizer que é para estudarmos para as provas.

— Combinado!

A conversa foi interrompida pelo sinal do término do recreio.

— Vamos! Amanhã eu aviso se a minha mãe deixou ou não, Caio.

— Vou esperar ansioso por sua resposta.

Todos voltaram para suas salas e retomaram os estudos.

Na hora da saída, Caio já esperava por Laura novamente; ele estava no portão que dava acesso ao estacionamento, onde Luciana já os aguardava.

— Venha! A minha mãe está nos esperando no carro — disse Caio, enquanto Laura se aproximava.

Eles se dirigiram ao veículo.

— Oi, Laurinha!

— Oi, dona Luciana!

— Entrem, meninos, vamos embora, pois tenho compromissos ainda hoje. O Tiago não vem?

– Ele está indo com o pai do Guilherme.

– Está bem, então vamos embora.

Laura sentou-se no banco de trás, enquanto Caio seguiu ao lado da mãe no banco da frente.

Eles não conversaram durante o trajeto.

Após alguns minutos, Laura foi deixada em sua casa.

– Até amanhã, Laura!

– Tchau, Caio. Tchau, dona Luciana.

– Tchau, querida, até amanhã!

Ambos seguiram para casa.

Tiago já estava em casa à espera de Laura que, após beber um copo de leite, se dirigiu ansiosamente para o seu quarto, a fim de ler a carta de Caio. Entrou e trancou a porta para não ser incomodada pelo irmão.

Após pegar a carta que estava guardada na mochila, ela se deitou em sua cama para ler. Quase não conseguia segurar a curiosidade, afinal, o que estaria escrito ali?

"Oi, Laura, eu nem sei como começar a transformar tudo o que sinto dentro de mim em letras, já que o que sinto é bem maior do que todas as palavras que existem no Universo.

Desde pequeno, quando começamos a estudar juntos no jardim de infância, eu sempre soube que você seria o grande amor da minha vida.

Hoje, tomei coragem para te pedir em namoro.

Confesso que nem sei por onde começar, já que nunca beijei uma menina e nunca namorei ninguém... guardei esse dia para nós dois, e agora tomei coragem para te dizer tudo isso.

Você é e sempre será o maior amor que existe em mim.

Desde que te vi, eu soube que não conseguiria viver sem você.

Espero que meu amor seja correspondido, pois, sem você, a vida não tem sentido para mim, ela perde totalmente a graça.

Eu gostaria muito que você dissesse sim.

Espero sua resposta, com amor, Caio."

O coração da garota parecia que ia sair pela boca.

Ansiosa para que a noite chegasse e ela pudesse conversar com Flávia, Laura adormeceu, cansada de mais um dia de estudos e mexida pelo encontro com o seu grande amor.

Estranhamente, ela sonhou com um casal que se amava muito e que fugia para bem longe, até chegar a um lugar muito bonito. Lá, o casal se sentou em uma colina e ficou a admirar a beleza do lugar.

A moça – que era a própria Laura – estava muito feliz, e se sentia muito amada.

POR QUE VOCÊ MORREU?

O lugar era divino. Havia um extenso gramado verde, do qual era possível ver os pássaros sobrevoando o local. Árvores coloridas tornavam a região mais bela. Um lindo rio de águas claras enfeitava ainda mais a paisagem, e o Sol alaranjado iluminava tudo ao redor.

Laura estava muito feliz, e, seu amado, que estava deitado ao seu lado, olhava para o céu a observar os pássaros.

Porém, algo misterioso a deixou intrigada.

Que lugar era aquele?

Não parecia ser um lugar terreno.

Ela olhou fixamente para o seu grande amor e ficou observando Caio... parecia que o seu corpo era transparente... sua forma era sublime e reluzente, como se fosse um anjo, lindo e dourado...

Tudo era perfeito ao redor do casal apaixonado.

> *O amor é o único sentimento que levamos para a vida eterna.*

Nina Brestonini

Caio

Ao chegar em casa, Caio e Luciana se dirigiram à cozinha para o almoço.

– Está com fome, filho?

– Não muita, mãe.

– Você lanchou na escola?

– Sim.

– O que você comeu?

– Uma fruta que levei, na verdade, uma maçã.

– Você tem que se alimentar melhor, Caio. Você está magro, já se olhou no espelho?

– Eu tento, mãe. Eu tento, mas você sabe como é difícil, para mim, comer.

– Meu amor, você precisa se alimentar, não pode ficar tantas horas sem comer. Eu já cansei de falar. A médica já falou, seus avós falam todos os dias, seu pai não me deixa em paz...

– Eu comi, mãe. Eu comi, fica tranquila.

– Eu te conheço, Caio.

Caio era filho único de Luciana e Felipe. Nasceu prematuro, quando Luciana estava com sete meses de gestação; ele quase não sobreviveu e precisou ficar alguns meses na incubadora. Desde menino era muito frágil, embora fosse alto e muito bonito, porém magro para a idade. Sua saúde era bem debilitada. Mas seus cabelos dourados embelezavam a sua face meiga.

– Você tomou as vitaminas que a médica passou?

– Tomei sim, mãe.

De repente, Thor entrou desesperado e se jogou nos braços de Caio, que o beijou e fez festa com o amigo fiel.

– Você está muito magro, filho – disse Luciana interferindo no momento de amor entre Caio e seu cão.

– É da minha natureza, mãe, não se preocupe com isso, eu estou bem – afirmou o menino. – Mãe, mudando de assunto... eu convidei a Laura e a Fernanda para virem aqui em casa neste sábado, pois precisamos estudar para as provas – disse Caio acariciando Thor.

– Que bom, filho! E a Laura vai vir?

– Ela ficou de conversar com a dona Flávia. Mas será que você pode dar uma forcinha caso a resposta seja negativa, mãe?

– Posso ligar para a Flávia, mas será que precisa? Somos amigos há tantos anos, e vocês sempre estiveram juntos...

O silêncio pairou no ar por alguns segundos, até Luciana perceber o que já desconfiava desde quando Caio era bem pequeno.

– Você gosta dela, não é, Caio?

– Por que essa pergunta agora, mãe?

– Porque vocês são grudados um no outro desde que se conheceram, ainda no jardim de infância, são assim desde pequenos. Eu sempre desconfiei dessa amizade, sempre achei que tivesse algo a mais mesmo.

– Entendi...

– Olha, meu filho, eu sempre vou respeitar os seus sentimentos, ainda mais se tratando da Laurinha que conheço desde menina e adoro demais. Sinceramente, torço muito para vocês namorarem e se casarem.

– Eu gosto dela sim e quero muito ficar com ela, pois já não somos mais crianças. Sonho, um dia, poder viver ao lado dela. Viver para sempre com o meu grande amor. Quero casar, ter filhos e ser feliz ao lado dela.

– Mas você quer namorar com ela agora? É que ela só tem 15 anos.

– Sim, eu quero, mas preciso que ela queira também... e já está na hora de namorarmos.

– Já conversou com ela sobre isso? Já a pediu em namoro?

– Sim, e estou ansioso pela resposta dela. Na verdade, mãe, eu escrevi uma carta abrindo o meu coração para ela.

– Pois fique tranquilo, porque os meus instintos não me enganam. Ela também gosta de você... eu sempre notei que vocês têm muitas coisas em comum, acho que vocês nasceram um para o outro. Eu até conversei uma vez com o seu pai sobre esse meu pressentimento... você sabe como eu sou, né?

– Instinto? Como assim, mãe? Você nunca me falou sobre isso.

– Meu filho, as mulheres têm intuição, e ela é infalível.

– É mesmo? Como assim, mãe?

– Ah, são coisas difíceis de explicar, Caio, mas eu tenho certeza de que ela também gosta de você, pode confiar na minha intuição. Ela não falha!

– Vou confiar! – disse Caio, feliz com a revelação de Luciana.

Aquilo era tudo o que ele queria ouvir naquele dia. Após beijar a face de sua mãe, Caio se dirigiu ao segundo andar da casa.

– Vai para onde?

– Vou trocar de roupa, enquanto você prepara o almoço.

– Não demora! Já está tudo pronto, estou só esquentando.

– Está bem, não vou demorar, 'dona adivinha'...

Risos...

Caio sentou-se em sua cama. Ele se sentiu meio tonto, mas pensou que talvez fosse por estar há muito tempo sem comer nada.

Suas pernas bambearam e ele resolveu se sentar na beirada da cama. Seus pensamentos estavam confusos, pois não era a primeira vez que sentia isso, mas preferia esconder dos seus pais que não andava muito bem.

Após alguns segundos, ele se levantou e foi até o seu banheiro para lavar o rosto. Logo, sentiu-se melhor, trocou de roupa, e desceu para comer.

Ao chegar à cozinha, Luciana olhou para o filho e percebeu algo diferente nele.

– Você está bem, Caio?

– Sim, por quê?

– Você está pálido, meu filho.

– Pálido, eu?

– Sim. Venha cá, deixe-me olhar você – disse Luciana se aproximando de Caio e colocando suas mãos no rosto do rapaz.

– Caio, você está quente! – disse ela assustada.

– Quente, eu?

– Sim, eu acho que você está com febre, menino.

– Mas não estou sentindo nada, mamãe.

– Impossível não estar sentindo nada – disse Luciana dirigindo-se ao armário da cozinha, de onde retirou uma caixa de remédios, e dela, um termômetro.

Caio, então, sentou-se à mesa. Realmente, naquele momento, ele não se sentia nada bem.

Luciana se aproximou do filho rapidamente com o termômetro, e logo colocou o aparelho em sua axila esquerda, a fim de medir a temperatura do rapaz.

Ela ficou em pé de frente a Caio demonstrando estar muito preocupada e nervosa.

– Calma, mãe, eu estou bem, já disse...

– Desde que horas você está com essa febre?

– Que febre, mãe?

– Você vai ver quando o termômetro apitar.

– Eu estou bem, já disse... não é nada, não estou sentindo nada.

Após alguns minutos, o aparelho apita e Luciana imediatamente o retira do braço de Caio para olhar a temperatura.

Quarenta graus.

Luciana deu um salto.

– Venha, Caio!

– Para onde, mãe?

– Venha agora, menino, entra no chuveiro, você precisa tomar um banho frio imediatamente – disse Luciana puxando o filho pela mão.

– Mas, mãe...

– Não tem 'mais mãe nem menos mãe'... me obedeça e fique calado. Vou ligar para o seu pai.

Luciana levou Caio até a porta do banheiro de seu quarto e dirigiu-se até a sala para ligar para o marido.

– Alô!

– Felipe?

– Oi, amor!

– Onde você está?

– Saindo do trabalho.

– Venha depressa, precisamos observar o Caio bem de perto.

– O que houve?

– Ele está queimando em febre.

– O que será que aconteceu?

– Não sei, e não podemos esperar piorar... você sabe que não devemos descuidar dele nem por um segundo.

– Fique calma, amor, eu já estou indo.

– Venha rápido, por favor!

– Estou indo.

Luciana desligou o telefone e voltou ao encontro de Caio. Ele já estava se trocando. Ela, então, se aproximou e colocou novamente sua mão no rosto do rapaz para sentir sua temperatura corporal.

– Abaixou, mas precisamos observar... vou pegar um analgésico para você. Desça para comer, pois não se deve tomar remédio com o estômago vazio.

– Estou indo, mãe, não fique preocupada, eu estou bem.

– Você não está sentindo nada?

– Nadinha.

– Estranho... como está sua garganta?

– Normal.

– Estranho. Te espero lá embaixo, não demore.

Após se arrumar, Caio desceu para a cozinha . Logo após, Felipe entrou em casa todo esbaforido e se aproximou do filho.

– Como você está, filho? – perguntou colocando a mão esquerda sobre a testa de Caio.

– Estou bem, pai.

– A sua mãe me disse que você está com febre.

– Sim, mas acabei de tomar um banho e acho que a febre já passou.

– Não passou não, ela abaixou. Tome esse analgésico, Caio – disse Luciana entregando ao filho um comprimido e um copo de leite.

– Tem que ser com leite, mãe?

– Não discuta, Caio.

O rapaz, então, tomou o remédio e permaneceu sentado ao lado do pai, que pegou em suas mãos.

– Filho, você tem que nos avisar quando sentir algo.

– Mas eu não estou sentindo nada, pai.

– Não tem como você estar com febre e não sentir nada, Caio.

– Pai, eu já disse, não estou sentindo nada.

– Não discuta com ele, Felipe. Eu vou marcar médico para ele esta semana. Já está na hora de repetir os exames anuais.

– Tudo aquilo de novo, mãe?

– Tudo aquilo de novo, senhor Caio, para o seu bem-estar.

– Odeio exames!

– Nós também – disse Felipe se mostrando mais calmo.

– Não saiam daí, pois o jantar já está pronto – disse Luciana.

– Vou tomar uma ducha bem rápida e já volto – disse Felipe.

– Não demore, pai.

– Pode deixar, filho.

– Estaremos te esperando – disse Luciana.

Após o jantar, Caio foi para o seu quarto para se deitar um pouco.

Os seus pensamentos estavam todos no encontro com Laura. Será que ela iria aceitar o namoro?

"Os dias estão lentos demais" – pensava ele.

Caio se sentia fraco, mesmo tendo acabado de jantar. No fundo, ele era um rapaz triste, pois, volta e meia, tinha que fazer exames e visitar o seu médico.

Sua saúde não era boa...

Suaves batidas foram ouvidas na porta de seu quarto.

– Entre.

Luciana e Felipe entraram e se aproximaram de Caio.

– Viemos ver como você está... – disse Luciana colocando novamente sua mão esquerda sobre a testa do filho. – A febre passou, mas deixa eu colocar o termômetro de novo, meu filho, só para confirmar.

Caio permitiu que sua mãe colocasse o aparelho em sua axila.

Felipe olhava para o filho com um sorriso no rosto, buscando animar o pobre garoto.

– Vai dar tudo certo, filho! – disse ele acariciando Caio.

Após alguns minutos, o termômetro avisa que já cumpriu com sua tarefa.

Luciana, então, mostra o resultado para Felipe.

– Olha, ele não tem mais febre!

– Que bom! Viu, filho? – disse Felipe, animado.

– Eu estou bem... já tinha dito isso à minha mãe.

– Agora, descanse! Depois de amanhã é sábado e Laura vai vir aqui – disse Luciana olhando para o marido.

– Dessa eu não sabia... – disse ele sorrindo.

– Gente, até amanhã! Me deixem descansar, por favor – disse Caio virando-se para o lado.

– Venha, Felipe, vamos para o nosso quarto.

Felipe e Luciana deixaram Caio sozinho com seus pensamentos apaixonados, afinal, no dia seguinte, ele já teria a tão sonhada resposta.

"Será que Laura vai querer namorar comigo?" – pensou o rapaz.

Caio começou a imaginar Laura em seus braços. Sua mente viajava e ele se via passeando com o seu grande amor pelas ruas da cidade e depois pela escola.

Ele via os seus amigos contentes com o relacionamento apaixonado que o fazia tão feliz. Caio se sentia bem e queria que o próximo dia chegasse logo para reencontrar o seu grande amor.

Naquela noite, ele demorou a dormir devido à ansiedade.

> *Deus dá aos seus melhores soldados, as mais difíceis batalhas...*
>
> *Daniel*

Outra vida

França, ano de 1876.

O país atravessava um período muito difícil após o fim da guerra Franco-Prussiana que trouxera muitos prejuízos a todos que viviam naquela época no país europeu.

Leon vivia em um grande castelo com sua nobre família.

Moreno, alto e muito bonito, ele era desejado por praticamente todas as jovens da sociedade local. Com 23 anos de idade, era esportista e um excelente músico, admirado por todos quando se apresentava nos concertos musicais recorrentes nas rodas da sociedade parisiense.

Benoit, seu pai, era um influente membro da sociedade, e adquiriu fortuna no comércio de peles. Sua mãe, Mila, cuidava de sua família com muito carinho e afinco.

Logo ao deixar seus aposentos pela manhã para o desjejum, ele se encontrou com sua amada mãe, que o esperava todos os dias para, juntos, tomarem a primeira refeição do dia. Leon era filho único.

– Bons dias, Leon!

– Bons dias, minha amada mãe! – disse Leon beijando carinhosamente a face de Mila.

– O que você vai fazer hoje, meu filho?

– Vou até a escola de música, pois tenho aulas importantes, e confesso que não quero perdê-las. Teremos uma apresentação neste final de mês.

– Que bom, meu amado filho. Onde será a apresentação?

– No teatro principal. Você e meu pai podem ir? Eu ficarei imensamente feliz.

– Certamente que sim. Aliás, já fomos convidados, o maestro Felipe nos encaminhou os convites, e estaremos presentes. Já até mandei providenciar roupas novas para esse grande dia.

– Onde está meu pai?

– Cuidando do curtume, as exportações foram retomadas e há muito a fazer, muitas encomendas.

– Ele não deseja que eu o ajude?

– Ele não quer que você se envolva nesse trabalho, como sabes seu pai tem muitos auxiliares e dispensa o seu trabalho no curtume.

– Pois me sinto inútil quando vejo meu velho pai trabalhando tanto para manter a nossa família.

– Ele é assim, não conseguiremos mudá-lo. Não adianta insistir.

– Eu respeito as decisões do meu pai, mas há comentários na sociedade de que sou um inútil, pois não trabalho.

– Não dê importância a esses comentários, pois eles não representam o que você é para nós. Ademais, um dia, você herdará todas as empresas da família, assim, as más-línguas serão caladas. Além disso, você poderá administrar os nossos negócios sem a interferência de terceiros.

– Eu sei, mãe, eu sei. Não penso nesse dia, porém sei que uma hora ele chegará.

– Sente-se, meu filho, vamos comer.

Leon sentou-se ao lado de sua mãe, e os empregados se aproximaram para servir à mesa.

– Bons dias, Isabel.

– Bons dias, senhor Leon.

Isabel era a governanta da família e cuidava de Leon desde o dia em que ele nasceu.

– Isabel, sirva Leon com o que ele mais gosta, por favor.

– Sim senhora – disse a ama.

Após o desjejum, Leon seguiu para o conservatório de música, onde encontrou com os amigos e os professores para o ensaio do grande espetáculo que seria apresentado em breve.

– Como foi o ensaio, Leon?

– Olá, Adrien, como você está?

– Ansioso para a apresentação, e você?

– Pois não fique, vamos arrasar, podes confiar.

– Para você é muito fácil falar, pois não tem nenhuma dificuldade com o violino.

– Você também é um excelente solista, meu nobre amigo.

– Não igual a você, Leon.

– Deixe de ser invejoso, meu amigo.

– Não é inveja, é talento, e isso você tem de sobra.

– Obrigado, nobre amigo! Aonde vais agora?

– Não tenho compromissos. Quer que eu faça algo para você?

– Pois, então, venha comigo! Vou até o alfaiate para experimentar a roupa que usarei na apresentação e gostaria de ter a sua opinião.

– Certamente, meu amigo, será um prazer acompanhá-lo.

Assim, Leon e Adrien deixaram o conservatório de música e se dirigiram à alfaiataria, onde Leon vestiu a roupa que estava pronta para o grande dia.

– Você, além de talentoso, é muito bonito, meu nobre amigo Leon.

– Obrigado, Adrien. Por acaso sabes se a Sophie vai estar lá?

– Não sei informar.

– Achas que ela irá?

– Tenho quase certeza... ouço comentários de que ela está apaixonada pelo amigo.

– Onde ouves essas bobagens, Adrien?

– A minha irmã é muito amiga de Sophie. E ouvi uma conversa dela com a minha mãe a respeito do espetáculo que iremos apresentar.

– Eu não sabia disso.

– Sim, elas são amigas. E confesso me sentir um invejoso, pois, além de rico e talentoso, és um homem de sorte.

– Meu amigo, não diga isso, me sinto constrangido.

– Pois não se constranja, falo a verdade.

– Sou-lhe grato por tamanha gentileza. Eu tenho olhado para a Sophie e, realmente, todas as vezes em que os meus olhos se cruzam com os dela, sinto que há algo maior entre nós. Ela é uma dama perfeita, delicada, elegante, bonita e, acima de tudo, gentil com todos, e isso me deixa muito feliz.

– Eu já havia percebido isso.

– É tão evidente assim?

– Só para quem conhece você.

– Ainda bem.

– Percebo que ela também retribui seus olhares com a mesma intensidade.

– Espero que o olhar de Sophie represente o que ela é de verdade.

– Sim, ela é doce, carinhosa e uma excelente pessoa, dotada de tamanha beleza.

– Realmente, sua beleza ilumina todos os lugares em que chega.

– Ela vai estar lá, podes ter certeza. Eu o aconselho a se aproximar e tentar conversar com ela.

– O farei se houver oportunidade, meu nobre Adrien.

– Se precisar, eu posso ajudar, pois conversei com ela dia desses em nossa casa.

– Ela esteve em sua casa?

– Sim, esteve lá para uma tarde de chá com as minhas irmãs.

– Viu como você é privilegiado?

– Não sou privilegiado, simplesmente, tenho irmãs. Fostes nascer filho único...

Risos...

– Meu caro amigo, você só tem que ter uma preocupação.

– E qual seria?

– O irmão dela.

– O Pierre?

– Sim. Ele a protege de uma forma absurda. Dizem por aí que ele é apaixonado pela irmã. As más-línguas falam muito mal dele.

– Que coisa absurda!

– É o que todos dizem. Ele é agressivo e diz por todos os cantos que Sophie não será esposa de qualquer um. Que é ele quem escolherá o marido de sua irmã.

– Mas ele não é o dono dela.

– Meu amigo, tome cuidado com ele. Como te disse, a reputação de Pierre não é das melhores.

– Não se preocupe, ele não será empecilho em meu caminho.

– Só tome cuidado. Só isso...

– Pode deixar. Agradeço-lhe pela preocupação.

Um senhor de pele branca como a neve e barbas ruivas se aproximou dos amigos.

– As roupas estão prontas, meu senhor – disse o alfaiate entregando a Leon a encomenda devidamente depositada em uma sacola de pano amarela.

– Muito grato, meu amigo!

Após pegar a sacola com as roupas, Leon se dirigiu até a rua, onde pegou seu cavalo e cavalgou ao lado do amigo até o seu castelo.

A tarde foi de conversas e muitos risos.

Os dias se passaram até o dia da grande apresentação musical.

O teatro estava cheio, e todas as principais famílias estavam presentes. Leon estava feliz e muito bem-vestido. Ele se posicionou junto ao restante da orquestra para a apresentação do lindo musical, que fora ensaiado exaustivamente durante alguns meses.

Na plateia, sentada na primeira fileira, estava Sophie, atenta à apresentação do maestro e de todos os alunos dedicados.

– Olha Sophie, ele não tira os olhos de você.

– É impressão sua, Margareth.

– Impressão? Você é que está fingindo não ser observada pelo príncipe.

– Príncipe?

– Sim, ele não parece um príncipe?

– É, olhando bem... ele é tão lindo que parece mesmo ser um príncipe.

Após quase duas horas de espetáculo, a plateia aplaudiu de pé o concerto apresentado. Todos estavam contentes e sorriam uns para os outros, demonstrando ser do agrado geral as músicas tocadas.

Leon estava feliz, e percebia o olhar apaixonado de Sophie. Ele fez um sinal para ela lhe esperar, pois desejava lhe falar.

Após o evento, todos se reuniram no grande salão, local onde a festa prosseguia ao som de um pequeno grupo de músicos que foram convidados especialmente para o elegante jantar servido.

Leon estava em sua mesa sentado ao lado de alguns amigos, e todos estavam muito ansiosos para o início da valsa, na qual cada cavalheiro escolheria uma dama do público para dançar.

Sem perder tempo, ele se dirigiu à mesa de Sophie.

– Boas noites! – disse ele se aproximando da mesa na qual estavam sentados os pais de Sophie e seu irmão Pierre.

Sorrindo, Sophie respondeu:

– Boas noites, Leon!

Os pais da moça cumprimentaram o rapaz, enquanto Pierre permaneceu calado.

– A senhorita poderia me conceder a dança?

Sophie olhou para os seus pais, à espera da permissão para dançar com Leon.

Sua mãe sorriu e lhe permitiu a dança com um olhar maternal. Ela, então, se levantou sorrindo e se aproximou de Leon estendendo sua mão esquerda para que fosse conduzida por ele à pista de dança.

– Será um prazer dançar com você, Leon.

Ele, então, estendeu sua mão direita e, delicadamente, pegou Sophie pela mão e, juntos, caminharam lado a lado até a pista central, onde dezenas de casais aguardavam o início da música para bailarem romanticamente.

No primeiro contato, ele percebeu que Sophie era diferente das demais, pois seu coração acelerou como o de uma criança quando ganha seu primeiro presente de Natal.

"Meu Deus! Que emoção é essa?" – pensou Leon não entendendo muito bem a emoção que lhe invadia todo o corpo.

A valsa teve início, e a dança contemplada pela multidão embalava os casais apaixonados.

– Você dança muito bem!

– Obrigado, Sophie, você também dança divinamente bem. A senhorita tem compromisso de namoro com alguém? – perguntou Leon de forma direta surpreendendo a jovem Sophie, que ficara envergonhada.

– Por que a pergunta?

– Porque há muito tempo venho admirando a senhorita e confesso que sempre que lhe encontro, fico sem ar para respirar. Perdoe-me por ser tão direto, mas sonho todos os dias com este encontro.

– Você é muito direto, Leon, e consegue me deixar ainda mais tímida do que já sou.

– Não se trata de ser direto, e sim de um homem extremamente apaixonado. Confesso que nunca fui direto assim com nenhuma dama, mas, sinto, dentro de mim, que não posso perder nem mais um segundo da minha vida sem você.

– Galanteador...

– Sophie, não sei se você observou, mas minhas mãos estão molhadas de suor, estão trêmulas.

– As minhas também – disse a jovem olhando dentro dos olhos apaixonados de Leon.

– Eu sinto que a senhorita está trêmula. Perdoe-me a intromissão, mas meu coração está quase saindo pela boca e confesso que nunca senti nada parecido por outras damas.

– Pelo que dizem do nobre rapaz, há muitas meninas apaixonadas pelo senhor.

– Pode ser, mas não tenho interesse em outras senhoritas, pois o meu coração bate só por você, Sophie.

– Não é educado brincar com os sentimentos, Leon.

– Não estou brincando, aliás, nunca fui tão direto e sincero com ninguém. Não sei o que há em mim, só sei que não posso deixar você fugir.

– Para que possamos namorar, é necessário pedir a permissão aos meus pais. E eu jamais fugiria de você.

– Quer que eu a peça em namoro agora? Ou em algum dia mais apropriado?

– Não acho que aqui seja um ambiente adequado para tal pedido.

– Então, se me permitir, irei até a sua casa para pedir a permissão.

– Falarei com os meus pais e lhe mando aviso. Eles precisam ser preparados para lhe aceitar.

– Estarei aguardando ansiosamente, pois não consigo controlar o que sinto neste momento... me sinto como um pierrô apaixonado pela mais linda colombina.

– És um galanteador, não tenho dúvidas disso. Me sinto completa com suas palavras.

– Acho que a senhorita está equivocada, pois o que sinto é sincero e a desejo como esposa.

– Esposa? Por acaso, quantos anos tens?

– Vinte e três anos de idade, e já me sinto um senhor.

– Não achas ser muito novo para tamanho compromisso? Afinal, rapazes como você não costumam assumir compromissos sérios tão cedo...

– O amor não diz a idade pela qual devemos nos apaixonar, e estou completamente apaixonado pela senhorita. Perdoe-me, mas não consigo conter o que sai de dentro do meu coração.

– O sentimento é recíproco, Leon.

– Verdade?

– Sim. Desde o dia em que te vi pela primeira vez, sonho estar em seus braços.

A música termina e os casais se cumprimentam para se separarem.

– Vou aguardar ansioso vossa mensagem.

– Pedirei à minha ama para lhe procurar, assim que tiver a permissão dos meus pais.

Após o cumprimento da dança, o casal apaixonado se separou. Mas os olhares não conseguiam se afastar, embora os corpos estivessem indo para caminhos diferentes.

Leon voltou para a sua mesa e foi logo confrontado por Adrien, que sorria de felicidade ao ver que o amigo teve coragem de convidar Sophie para dançar.

– Meu nobre amigo, confesso que tenho muito a aprender com você.

– Não me venha com gozações, Adrien. Olhe para mim, veja como estou.

– Não estou lhe gozando, estou apenas impressionado com sua destreza para com a jovem Sophie. E confesso que nunca te vi assim.

– Ela é mais linda pessoalmente do que à distância. Estou mais apaixonado do que nunca, meu amigo.

– Pelo visto, o nobre amigo está mais do que apaixonado, está totalmente entregue a esse avassalador sentimento.

– Confesso que estou com as pernas fracas e me sinto como um menino que conhece o seu primeiro amor. Eu nunca senti nada parecido por nenhuma outra donzela.

– Mas o que vocês conversavam tanto? Eu pude perceber que Sophie quase não conseguia dançar, parecia estar com as pernas frouxas, e você como uma marionete seguia os passos perdidos da donzela.

– Eu a pedi em namoro, aliás, eu a pedi em casamento.

– Não achas que se antecipou demais? Lembras do que te falei de Pierre?

– Para o amor não há tempo de espera. Ele terá que me aceitar... não acho que teremos problemas com ele.

– O nobre amigo está mesmo apaixonado? Olhe ao redor e repare quantas meninas estão ansiosas pela próxima dança à espera de seu convite.

– Não tenho olhos nem pernas para dançar com outra que não seja Sophie.

– Vejo que o amigo está totalmente entregue a esse amor.

– Querido Adrien, você não imagina o que senti por dentro quando toquei nas mãos de minha amada.

– Conte-me, então...

– O meu corpo parecia estar em outro lugar, a minha pele estava toda arrepiada e sentia o frio da paixão repentina, e o meu coração sufocava a minha respiração, como se quisesse sair do meu peito e repousar ao lado do coração de Sophie. Nunca havia sentido nada parecido com nenhuma outra mulher até o dia de hoje.

– E olha que não foram poucas, pelo menos as que presenciei.

– Realmente foram muitas até este dia, porque, a partir de hoje, estarei esperando pelo 'sim' de Sophie, sem mesmo ter coragem de respirar se ouvir dela uma resposta negativa.

– Como lhe disse, meu amigo, seu maior problema não será os pais dela, pois sabem que sua família é abastada e, certamente, permitirão que vocês fiquem juntos... seu maior problema, meu amigo, será o Pierre.

– Se necessário for, faço uma tratativa com ele. Lhe garanto amor e respeito por Sophie.

– Não sei se será o bastante, mas estarei ao seu lado apoiando-o sempre que necessitares.

– Agradeço ao amigo por tudo! Agora, vou me retirar para descansar e esperar ansioso pela resposta da minha amada.

– Mas já vais tão cedo?

– Não vistes que Sophie já se foi?

– Não reparei.

– O baile não tem mais sentido sem a presença dela.

– Isso é o que podemos chamar de um homem apaixonado... sempre aproveitou as festas até o último momento, e agora, apaixonado que estás, deixa os amigos para em seu leito se deliciar do perfume de sua amada.

– Como sabes que tenho em minhas mãos o perfume dela?

– Porque eu já a conheço. Como disse, Sophie é muito amiga das minhas irmãs e sempre estão juntas em minha casa. Toda vez que ela chega é possível sentir o doce perfume dessa donzela.

– Pois é isso mesmo que irei fazer... vou para casa aproveitar o perfume deixado por ela em mim. Me deliciarei pela madrugada adentro com o cheiro do amor que me tomou intensamente.

– Boas noites, meus amigos! – disse Leon despedindo-se de todos que estavam próximos à mesa.

– Boas noites, Leon! – respondeu Adrien, feliz com a felicidade de seu melhor amigo.

> *O tempo é como a corrente das águas de um rio que com a força da água é encarregado de arrumar todas as pequenas pedras em seu leito.*

Lucas

O ódio

Passados dois dias, Leon recebeu um bilhete. Isabel dirigiu-se à sala de estar, onde Leon lia um livro.

– Senhor Leon, com licença.

– Sim Isabel, entre.

– Lhe trouxe uma mensagem da casa dos Leblanc.

Leon não conseguia esconder a ansiedade de ter em suas mãos a tão sonhada resposta.

– Me entregue, Isabel, deixe-me ler a mensagem.

A governanta lhe passou às mãos um pequeno envelope amarelo, selado com cera vermelha e uma linda fita da mesma cor.

Isabel deixou os aposentos de Leon curiosa e feliz ao ver que seu amado patrão estava sorridente com a entrega do documento.

Leon abriu e leu pausadamente o pequeno recado em letras perfeitamente desenhadas.

"Querido Leon,

Trata-se da resposta de nosso último encontro. Estou muito emocionada e feliz em poder lhe informar que obtivemos a permissão dos meus pais para o encontro no qual poderás pedir-me em namoro.

Ressalto a importância do compromisso que iremos assumir, pois o meu irmão é contra o nosso namoro, mas o amor de minha mãe e de meu pai superarão os desejos secretos de Pierre, que confesso me sentir sufocada pela proteção excessiva.

No mais, estou ansiosa. Poderás vir na próxima quinta-feira para um jantar familiar, no qual minha família estará pronta para lhe receber e ouvir-lhe.

Aproveito e estendo este convite aos seus pais, pois será muito bom conhecê-los e recebê-los em nossa humilde residência.

Espero que não reparem, não somos abastados como vocês, mas amamos a vida.

Com amor... Sophie."

Leon pulou de alegria. Sua amada o aceitou. Assim, ele correu para contar a novidade à sua mãe.

– Mãe! Querida mãe... – corria Leon gritando e procurando por Mila em todos os cômodos do elegante lugar.

– Estou aqui, Leon.

A voz saiu da sala de chás do castelo.

Esbaforido, ele entrou e percebeu que Mila não estava sozinha.

– O que houve, filho?

Leon ficou receoso de falar. Toda a sua alegria foi contida pela presença das amigas de Mila.

– Não é nada, mãe.

– Tens algo importante a me dizer? Estou a conversar com as minhas amigas.

– Mãe, assim que você terminar o seu encontro, por favor, me avise, pois preciso lhe falar.

– É algo urgente, meu filho?

– De certa forma sim, mas não é caso de vida ou morte. Não se preocupe.

– Já estamos terminando – disse uma elegante senhora de chapéu branco sentada à frente de Mila.

– Assim que terminarmos, eu peço a Isabel para lhe chamar, Leon.

– Estarei aguardando, mãe.

Leon deixou a sala e foi até o jardim do suntuoso castelo para pensar. O lugar era muito florido e com vários caminhos entre as plantas muito bem cuidadas pelos jardineiros.

Seu coração estava feliz, enfim poderia amar Sophie. A imagem da jovem não saía de seus pensamentos, e o desejo ardente de sentir os lábios se encontrarem fazia com que ele delirasse, exaltado pelos múltiplos sentimentos que só o verdadeiro amor era capaz de criar.

"Meu Deus, como lhe sou grato por Sophie! A amo tanto mesmo sem ter lhe tocado o corpo. Como serei ao lado dela? Como devo me comportar? Não posso perdê-la em hipótese alguma." – pensava o jovem.

A insegurança lhe invadia... os múltiplos sentimentos lhe arrebatavam o espírito, que viajava pelos lindos céus do verdadeiro amor. E ele continuava a caminhar para tentar equilibrar os nervos, agora, ansiosos pelo encontro.

Após duas horas, finalmente ele foi procurado por Isabel para comunicar que Mila o esperava para o café da tarde.

Leon estava sentado no jardim envolto em pensamentos apaixonados.

– Leon?

– Isabel! Que bom vê-la aqui.

– Sua mãe o espera para o café da tarde.

Leon se levantou e, abraçado a Isabel demonstrando estar muito feliz, seguiu ao lado da governanta para o interior do castelo.

Mila recebeu seu amado filho com um beijo na face.

– Estou à sua disposição, meu filho.

– Mãe, eu tenho uma notícia maravilhosa a lhe dar – disse ele sentando-se ao lado de Mila.

– O que o faz tão feliz, filho? Vejo que estás nervoso.

– Eu pedi a Sophie em namoro, e os pais dela desejam que os visitemos na próxima quinta-feira.

– Que notícia boa, filho! Podes contar comigo e com o seu pai.

– Estou feliz, minha mãe!

– Feliz e apaixonado, pelo visto.

– Encontrei a mulher da minha vida.

– Meu filho, se for para a sua felicidade, conte sempre conosco.

Leon se levantou e beijou sua mãe em agradecimento ao apoio e carinho.

– Não vais tomar o café da tarde comigo?

– Estou ansioso e feliz. Vou para o meu quarto preparar-me para o encontro.

– Não fique assim, tenha calma e sabedoria para lidar com Sophie.

– Eu sei o que fazer, querida mãe.

Assim, ele deixou o lugar.

Os dias passavam rapidamente, e Leon não conseguia esconder de ninguém sua ansiedade e felicidade.

Manhã de quinta-feira.

Mila foi ao quarto do filho para acordá-lo.

– Leon?

– Sim, mãe.

– Já estás acordado?

– Sim, desde cedo. Acordei ansioso para que a noite chegue logo e que possamos, enfim, ir à casa de Sophie.

– Sairemos daqui às cinco horas, está bom para você?

– Estarei pronto nesse horário.

– Já combinei com o seu pai de ele passar aqui para nos pegar no final do dia.

– Ele falou algo contrário, mãe?

– Não, filho, claro que não! Seu pai e eu desejamos toda a felicidade do mundo para você.

– Que bom, mamãe.

A tão esperada hora chegou e, Benoit, cumprindo com o combinado, chegou em sua casa e viu que ambos estavam ansiosos para irem à casa dos Leblanc.

Todos foram recebidos com muito carinho pela humilde família que preparou um jantar exclusivo para o encontro.

Sophie não estava na sala a qual Leon e seus pais tinham sido recebidos. A saleta de recepção estava decorada com flores da estação.

Pierre não estava presente.

– Mila foi a primeira a se sentar em um dos sofás da sala. Benoit se sentou ao seu lado, enquanto Leon, ansioso, permaneceu de pé.

– Estes são os meus pais – disse Leon apresentando-os.

– Ainda não fomos apresentados a vocês pela Sophie... eu sou a Alícia, e este é o meu esposo Marc. Sejam muito bem-vindos! – disse a mulher recepcionando a todos.

Após os cumprimentos, todos se sentaram, exceto Leon, que permaneceu de pé demonstrando toda a sua ansiedade.

– Ela já está vindo, Leon.

– Obrigado, senhora Alícia.

Uma taça de licor foi servida a todos à espera de Sophie.

Mila, muito educada, conversava com os pais de Sophie a fim de descontrair o encontro, pois todos perceberam que Leon estava muito nervoso.

Foi quando, de repente, ouviu-se um barulho vindo da porta que se abria lentamente mostrando toda a beleza de Sophie, que adentrara o ambiente usando um vestido que misturava delicados tons de rosa, e, nos lindos e longos cabelos, uma trança muito bem-feita e enfeitada com fitas da mesma cor.

O coração de Leon quase lhe prega uma peça, falhando em seus batimentos. Ele ficou corado de emoção e de alegria em rever sua amada.

– Boas noites! – disse sorridente a jovem de beleza descomunal.

Todos ficaram chocados com a presença da dama.

– Boas noites, Leon! – disse Sophie lhe estendendo a mão.

POR QUE VOCÊ MORREU?

Leon beijou suavemente a mão direita de Sophie, que sorriu.

– Você não vai me apresentar os seus pais?

– Perdoe-me a indelicadeza – disse Leon apresentando Mila e Benoit a ela.

– Sentem-se, por favor – disse Alícia, não escondendo a felicidade de receber tão nobre família.

Todos estavam mais calmos, a conversa era agradável, e as risadas podiam ser ouvidas por toda a casa.

– O seu irmão não virá? – perguntou Leon.

– Ele teve um compromisso, e pede desculpas – interferiu Alícia.

– Não faltarão oportunidades – complementou Mila percebendo algo estranho naquelas palavras.

A noite transcorria como o esperado. O jantar, muito bem servido, agradava a todos os presentes, até que, após a sobremesa, Leon finalmente pediu a palavra.

– Senhora Alícia e senhor Marc, me perdoem interromper nossa degustação, mas tenho um pedido a fazer.

– Diga, meu jovem – disse Marc.

– Minha mãe, meu pai, senhora Alícia e senhor Marc, eu peço Sophie em namoro, e me comprometo aqui a casar-me com ela no tempo apropriado.

Todos se entreolharam felizes, quando Marc disse:

– É uma honra para a nossa família recebê-lo como futuro esposo de Sophie.

– Estamos muito felizes com a decisão de vocês – disse Alícia.

– Contem sempre com o nosso amor e carinho para que se cumpra a vontade do casal e de Deus – disse Mila segurando a mão de Benoit.

Todos se abraçaram felizes.

Sophie sentiu algo em seu peito que não conseguia entender, parecia que tudo aquilo que sempre sonhou, finalmente estava muito próximo de acontecer.

Sonhadora, como toda jovem da sua idade, ela sentiu uma angústia não natural para aquele momento. Parecia que algo de muito ruim iria acontecer com ela e Leon.

Entretanto, Sophie desviou os seus pensamentos para o amor e a admiração que se intensificavam ainda mais dentro de si.

A noite transcorria com muitos sorrisos, planos e alegrias, afinal, Leon havia encontrado sua amada, e seus pais tinham consentido a união.

Mila estava muito orgulhosa.

Todos estavam realmente muito felizes, até que finalmente Pierre adentrou o recinto.

– Boas noites, Pierre – disse Alícia.

– Boas noites a todos, perdoem o meu atraso.

Todos o cumprimentaram e perceberam o seu mau humor.

Pierre se retirou sem ao menos conversar com alguém.

Alícia, envergonhada, mudou de assunto a fim de esconder a ignorância e a falta de educação do seu filho mais velho.

Sophie, agora ao lado de seu namorado, não conseguia deixar de segurar as mãos de Leon que, feliz, sentia-se realizado.

A noite terminara com mais uma rodada de licor de avelã, servido por Marc.

Após um abraço, Leon se despediu de Sophie sonhando em beijá-la, o que era impossível em ambiente familiar.

Dias depois do encontro familiar, Leon saiu com alguns amigos para cavalgar à tarde e, após a cavalgada, ele e Adrien se sentaram em um bar para tomar um café.

– Como foi o encontro com Sophie?

– Não durmo desde aquele dia.

– Por que, nobre amigo?

– Paixão. O amor que me assola a alma.

– Quem diria que um dia eu veria você tão apaixonado assim, Leon.

– E pior que sequer a beijei.

– Ainda não a beijou?

– Não tivemos oportunidade ainda.

– Quando irá vê-la novamente?

— Amanhã.

— Pelo visto estás muito ansioso.

— Como sempre em se tratando de Sophie.

— Pois tenha calma, o mais difícil você já conseguiu. Agora, é o tempo o encarregado de ajustar todas as coisas.

— Sim, a permissão para me casar com ela já foi concedida. Tenho planos para que em, no máximo, seis meses, já estejamos casados.

— Casar-se? Como assim?

— Sophie é a mulher da minha vida. Parece que já a conheço não desta vida. É algo que não sei explicar, Adrien.

— Acreditas em outras vidas?

— Meu amigo, Adrien, se não for de outras vidas o que sinto por Sophie, não sei de que lugar surgiu tamanha paixão.

— Eu só desejo a sua felicidade, sabes disso.

— Estou feliz, aliás, sou o homem mais feliz da Terra.

— E o Pierre, o que disse sobre vocês?

— Ele é grosso, e agiu de forma grossa com todos nós. Mas não demos importância ao seu jeito de ser.

— Eu te avisei... ele é difícil.

— Não o temo.

— Mas tenha cuidado, pois as más-línguas falam muito mal dele.

– Não me preocupo. E você já me avisou disso algumas vezes. Podes ficar sossegado, pois nada de ruim irá nos acontecer.

– Amigo, agora tenho que ir, terei um jantar familiar.

– Vá, meu amigo! Não se preocupe comigo... vou caminhando até a minha casa.

– Mas está longe... você não quer ir comigo?

– Não precisa, Adrien, vou caminhando e agradecendo a Deus por tudo o que tenho e pela Sophie.

– Não se esqueça de me incluir em suas orações.

– Não se preocupe, você nunca sai delas.

Após um forte abraço, Leon e Adrien se despediram.

Meia hora depois, Leon pagou a conta do café e se pôs a caminhar em direção à sua casa.

As ruas escuras de Paris eram realmente perigosas, mas nada que assustasse o tão conhecido e adorado Leon.

Após algum tempo caminhando, Leon percebeu dois homens o seguindo. Ele acelerou o passo a fim de se distanciar dos algozes, o que de nada adiantou.

Leon foi alcançado pelos homens que vestiam uma capa preta que lhes cobria da cabeça aos pés. Os rostos estavam escondidos por máscaras.

Os passos acelerados já não eram suficientes para a abordagem.

– Espere aí! – disse um deles.

– O que querem de mim? Não tenho nada para lhes dar – disse Leon, assustado.

– Não queremos nada de você, na verdade, temos algo para lhe entregar.

Leon, então, permitiu a aproximação dos desconhecidos, quando, de repente, um deles sacou um grande punhal e introduziu o instrumento sem piedade em seu peito.

– Toma! Isso é para você aprender a não se meter com quem não se deve – disse o homem com muito ódio na ação e nas palavras.

Leon não conseguia se defender e fixou o olhar na tentativa de ver o rosto de seu algoz que, sem compaixão, arrancou o punhal de seu peito e o enfiou, agora, em sua barriga.

Os olhos arregalados do jovem era cena de alegria para os infelizes assassinos. Leon caiu lentamente em uma poça de sangue que começava a se formar embaixo dele.

Poucos minutos foram suficientes para ceifar a vida do nobre rapaz.

Após matarem Leon, os homens fugiram do local correndo em direção incerta, e somente no dia seguinte seu corpo foi encontrado imerso em uma gelada poça de sangue.

A tristeza tomou conta de toda a cidade, e as pessoas se perguntavam qual teria sido o motivo para matarem um rapaz tão lindo, tão querido e honesto... por que Leon morreu?

Mila não se conformava com o acontecido e sofria muito com a perda do amado filho. Todos estavam muito abalados.

POR QUE VOCÊ MORREU?

Ao saber da morte de seu grande amor, Sophie entrou em choro constante, e foi consolada por Margareth e Alícia. Para ela, a vida não tinha mais sentido.

No enterro, todos estavam consternados com o ocorrido, com tamanha tragédia. Quem teria matado Leon? Por que mataram o rapaz?

A vida de Sophie tornou-se sem sentido e, sempre que possível, ela era levada por Alícia ao cemitério, para deixar sobre a fria tumba de seu amor, um ramo de flores.

> *Tudo o que acontece conosco tem uma razão de ser, nada está ao acaso.*

Nina Brestonini

Um dia especial

Laura acordou bem cedo e deixou o seu quarto em direção à cozinha para o café matinal.

– Bom dia, mamãe!

– Bom dia, meu amor! Acordou cedo hoje.

– Perdi o sono.

– Já sei! Está ansiosa para ir à casa do Caio?

– Mãe...

– Minha filha, eu sei que ele é o seu grande amor, mas não fique ansiosa, pois as coisas acontecem no tempo em que elas têm que acontecer.

– Você falou com o papai?

– Seu pai também sabe que você é apaixonada pelo Caio.

– Então quer dizer que sou o assunto da família?

– Acho que só o seu irmão ainda não percebeu, ou, se percebeu, se mantém calado.

– Não quero o Tiago interferindo em minha vida, aviso já.

– Ele só quer te proteger, filha.

– Mãe, ele faz isso desde o dia em que eu nasci... ele não é o meu pai.

– Fique tranquila, se ele disser alguma coisa, você me avisa e eu converso com ele.

– Não quero que ele se meta na minha vida, estou avisando.

– Fique calma, Laura.

– Na verdade, estou muito preocupada, isso sim. Me segue na escola, fica escondido me vigiando, parece que quer me proteger o tempo todo... me proteger de quê? Deixa eu viver a minha vida, ora! Meus amigos morrem de medo dele, mãe, eu não aguento mais isso...

– Ele é seu irmão, e faz isso por amor.

– Eu não acho que seja amor, acho que é doença.

– Que besteira, Laura.

– Só dou este aviso, não vou permitir que ele se meta entre mim e Caio.

– Vamos mudar de assunto. Que horas você vai chegar?

– Não sei... como te disse, temos que estudar para as próximas provas.

– A Fernanda vai mesmo?

– Vai sim... vamos estudar ela, eu e o Caio.

– Pois então não chegue tarde, seu pai pode ficar aborrecido.

– Não vou chegar tarde, aliás, você poderia me levar, o que acha?

– A Fernanda não vai passar aqui para ir com você?

– Não, ela vai direto da casa dela.

– Que horas você quer ir?

– Eu marquei com ele às 15h.

– Então, depois do almoço se arrume, e eu te levo... se eu não puder, peço ao seu pai para te levar.

– Cadê o papai?

– Foi ao mercado comprar algumas coisas que estão faltando aqui em casa.

– Por que você não foi com ele? Vocês sempre fazem isso juntos.

– Eu não estou muito bem-disposta hoje.

– Está tudo bem, mãe?

– Sim, só estou chateada, pois perdi a venda de uma casa ontem... me dediquei tanto a esse negócio e ele acabou não acontecendo.

Laura se aproximou de Flávia e a abraçou pelas costas.

– Você é a melhor e mais competente agente imobiliária desta cidade. Se a pessoa escolheu não comprar o imóvel com você, fique sabendo que foi ela quem perdeu a excelente oportunidade de ter uma amiga como você, mamãe.

Flávia virou-se e abraçou Laura com ternura.

— Ah, filha... você é um doce mesmo.

— Agora, vou para o meu quarto separar os cadernos e os livros que levarei para a casa do Caio. Preciso me organizar.

— Faça isso, filha.

— Você está bem, né, mãe?

— Estou, amor... fique tranquila!

Laura deixou a cozinha e dirigiu-se ao seu quarto.

O que elas não tinham percebido é que Tiago estava escondido atrás da cortina da sala ouvindo toda a conversa das duas.

Silenciosamente, ele saiu da sala e dirigiu-se à cozinha, onde Flávia permanecia cuidando dos afazeres rotineiros.

— Mãe?

— Que susto, menino! Onde você estava?

— No meu quarto.

— Por que você chegou assim tão silenciosamente?

— Não cheguei silenciosamente... a senhora é que estava distraída.

— Quer comer algo?

— Você pode preparar um sanduíche para mim, mãe?

— Claro, filho! Sente-se aí, vou preparar seu sanduíche favorito.

Flávia foi até a geladeira, pegou alguns ingredientes para o recheio e preparou um delicioso sanduíche para Tiago.

— Quer suco ou leite?

— Pode ser suco, mãe.

— Por que você está com essa cara?

— Que cara?

— Essa cara amarrada... o que houve? Pode me contar.

— Não houve nada, mãe.

— Eu te conheço, Tiago.

— Quer saber?

— Sim, quero muito saber o porquê de você estar assim.

— O que é que a Laura vai fazer na casa do Caio?

— Estudar... ela e a Fernanda.

— E você acredita mesmo que ela vai estudar?

— E por que não acreditaria?

— Porque ela está apaixonada pelo Caio.

— E qual é o problema?

— Você acha certo ela se apaixonar nessa idade?

— Bem, isso já é um problema dela, meu, e do seu pai... você não tem nada a ver com isso. E saiba que ela está muito chateada com essa sua intromissão na vida dela.

— Mas eu tenho que cuidar dela, mãe.

— Não. Você não é o pai dela. Seu pai e eu somos os únicos responsáveis por Laura e por você.

— Mas, mãe...

– Sem mais nem menos... não se meta na vida da sua irmã, e isto é uma ordem, rapazinho.

– Uma ordem?

– Exatamente! Uma ordem, e não se fala mais nisso.

– Vocês estão muito errados, sabia?

– Por que errados, mocinho?

– Porque ela ainda é uma criança para namorar.

– E é você quem decide isso?

– Pode ser.

– Deixa de ser intrometido, Tiago. Cuida dos seus estudos, das suas namoradinhas, e da sua vida. Eu não vou mais falar sobre isso, e se Laura reclamar que você continua vigiando, seguindo e amedrontando ela ou os amigos dela, eu terei uma conversa séria com o seu pai. Até agora, o seu pai não sabe de nada, mas se você continuar com esse comportamento, ele vai saber de tudo.

Tiago levantou-se bruscamente e deixou a mesa da cozinha, sequer tocou no copo de suco e no sanduíche.

Flávia permaneceu firme em sua decisão e não falou nada ao ver a reação do rapaz.

Após algumas horas, Luciano chegou do mercado e dirigiu-se até a cozinha, onde Flávia terminava o almoço.

– Ainda na cozinha, amor?

– Eu estava deitada, desci agora para arrumar o almoço.

– Você ainda está chateada com a perda da venda da casa?

– Não. Estou bem!

– Não parece... eu te conheço, amor.

– Eu estou bem, Luciano. Cadê as compras?

– Vou buscar no carro.

Luciano foi até o carro e voltou com várias sacolas repletas de condimentos, pães e outras coisas.

– Deixa eu te ajudar a arrumar – disse Flávia.

Ambos estavam arrumando as compras, quando Laura novamente chegou à cozinha.

– Oi, pai!

– Oi, filha!

– Quem vai me levar? Você ou a mamãe?

– Levar? Aonde?

– Na casa do Caio.

– E o que você vai fazer lá?

– Mamãe não te falou?

– Falou sim, amor, só estava brincando.

– Pai...

– Você vai agora?

– Vou almoçar e vou.

– O almoço está pronto, Flávia?

– Sim, podemos comer, estou com fome.

– Onde está o Tiago?

– Não sei – disse Laura.

– Ele está estudando no quarto dele, depois ele almoça.

– Então, vamos comer – disse Luciano se sentando à mesa.

Após o almoço, Luciano levou Laura ao encontro de Caio.

Ele parou o carro em frente à casa do amigo Felipe e buzinou algumas vezes.

– Pai, não fica buzinando! – disse Laura, envergonhada.

Luciana olhou pela janela e sorriu sinalizando com a mão para que Laura entrasse.

– Vai, filha. A que horas você quer que eu venha te buscar?

– Não sei ainda, pai... eu ligo para você quando terminarmos os estudos.

– Está bem, filha. Te amo!

– Eu também, pai.

Laura beijou suavemente a face de Luciano, que sorriu, e esperou até que ela entrasse na casa, para, então, guiar o seu carro de volta ao seu lar.

Luciana estava à espera da menina na porta principal da linda residência.

– Oi, Laurinha, como você está bonita hoje!

– Obrigada, dona Luciana.

– Entre, o Caio está te esperando aí na sala.

Laura entrou e logo viu seu grande amor se levantar para recebê-la.

– Oi, Laura.

– Oi, Caio.

– Sente-se – disse ele oferecendo um lugar ao seu lado no luxuoso sofá que ocupava toda a lateral da sala muito bem decorada.

Ao centro, uma mesa de vidro e alguns quadros enfeitavam o ambiente. Cortinas na cor violeta amenizavam os raios solares do fim de tarde.

– Cadê a Fernanda? Ela não vai vir?

– Ela disse que, embora tenha se comprometido conosco, não poderá vir – afirmou Laura.

– Mas e se a sua mãe souber que ela não veio? Ela poderá ficar brava conosco...

– Ela não vai saber... é só não contarmos – disse Laura, confiante.

Luciana deixou o casal sozinho e dirigiu-se à cozinha a fim de pegar uma jarra com suco e alguns biscoitos artesanais feitos por ela mesma para o encontro daquela tarde.

Caio olhou fixamente para Laura, que retribuiu o olhar.

– Você leu a minha carta?

– Sim, Caio, li e reli várias vezes.

– E, então... você aceita namorar comigo?

– Eu não tenho como negar o que sinto por você. Todos lá em casa já perceberam que o meu coração é somente seu.

– Isso é um 'sim'?

– É mais que um 'sim', é o significado da minha existência... sempre esperei por este dia, e embora eu seja muito jovem, sonho como uma pessoa adulta, e em todos os meus sonhos sempre existia você.

Caio tomou Laura em seus braços e lhe beijou a boca.

Luciana se aproximava da sala, quando percebeu que o casal estava perdidamente apaixonado trocando carícias.

Ela, então, se afastou lentamente sem fazer barulho, e ficou à espera de um momento mais oportuno para levar o lanche. Seu coração vibrou em ver que Caio tinha o amor de Laura.

O beijo foi longo, as carícias eram intensas.

As almas se encontravam. Laura sentia seu coração acelerar como nunca havia sentido. Seu rosto aqueceu como um forno, onde era possível sentir o amor em chamas verdadeiras.

Caio sentia as pernas bambearem e deixou seu corpo cair no sofá preso pelos beijos ardentes que trocava com Laura.

Seu corpo se arrepiava, sua pele ficara extremamente sensível ao cheiro de amor que ambos exalavam naquele momento.

Assim, eles ficaram juntos por horas na sala da casa de Caio, e sequer pegaram nos cadernos e nos livros providenciados por Laura para o encontro.

O amor, as carícias, as confissões... estes eram o enredo daquela linda tarde de amor ardente.

Luciana sequer conseguiu levar o lanche para os dois. Ela percebeu que eles precisavam daquele momento somente para eles, afinal, era o amor de infância se concretizando entre duas almas apaixonadíssimas.

A tarde passou rapidamente, até que Luciano buzinou na frente da casa de Caio. Ele fora buscar a filha, após ter recebido um telefonema dela lhe pedindo para buscá-la.

– Meu pai chegou!

– Te amo muito, Laura!

– Eu também te amo! Amanhã vou dar um jeito de vir novamente para te ver... vou dizer que não terminamos os estudos.

– Que bom. Se me perguntarem alguma coisa, eu confirmo, pode deixar.

– Até amanhã, amor.

– Te amo! – disse Caio beijando suavemente a boca de Laura.

POR QUE VOCÊ MORREU?

Aquele dia havia sido marcante na vida de Laura e de Caio. Parecia que eles se conheciam há séculos, que eram almas gêmeas que se reencontravam para, novamente, viver um grande amor. Seus corpos se identificavam como se fossem um só.

Durante aquela noite, mal conseguiram dormir de tão excitados e eufóricos, pois ambos tinham realizado o grande sonho: amar um ao outro.

> *O amor é o único sentimento que todos os espíritos levam pelas múltiplas encarnações.*

Nina Brestonini

Um tempo depois...

Passado um ano, Laura e Caio seguiam firmes com o namoro. Agora, devidamente compromissado por ambos perante as famílias.

Eram como parceiros da felicidade, pois Caio não fazia nada sem Laura, e Laura não vivia um só dia sem estar ao lado de Caio.

Até que em uma manhã, Laura chegou à escola e percebeu que o namorado não estava.

– Fernanda, você viu o Caio?

– Hoje eu não vi ele não.

– Meu Deus, o que será que houve? Será que ele não veio mesmo à aula? Mas ontem ele estava tão bem. Estranho...

– Não deve ser nada, Laura.

– Mas ele não faltaria à aula sem me avisar – disse Laura nitidamente preocupada.

– Parecem carne e unha também, nunca vi – disse Fernanda rindo.

– É o amor, amiga, o amor...

– Vocês são o casal mais fofo que eu conheço.

– Obrigada, mas estou preocupada... vamos procurar um telefone para ligar para a casa dele?

– O único telefone público que existe por aqui é aquele que fica na porta da secretaria. Se formos lá agora seremos advertidas, vamos na hora do recreio. Agora não dá, Laura.

– Está bem, vamos para a sala... se ele não aparecer até a hora do recreio, ligamos para a casa dele.

Laura e Fernanda dirigiram-se à sala de aula. Após algum tempo, Laura percebeu que o namorado realmente não tinha ido à aula naquele dia. Ela ficou preocupada e contando as horas para o intervalo, momento em que poderia ligar para Caio para saber o que tinha acontecido.

O telefone tocou na imobiliária de Flávia.

– Alô, bom dia!

– Flávia?

– Não é ela, quem gostaria de falar com ela?

– É a mãe do Caio.

– Um momento, por favor, vou transferir a ligação. – Dona Flávia?

– Sim, Alice.

– A mãe do Caio está ao telefone e deseja falar com a senhora.

— Pode transferir.

— Alô! Luciana?

— Oi, querida.

— O que houve? Está tudo bem? Sua voz está trêmula...

— Não está nada bem, o Caio passou muito mal essa madrugada. Estamos aqui no hospital com ele.

— Meu Deus! Mas, o que houve?

— Não sabemos ainda... ele vem apresentando uma febre há quase um ano, fez vários exames, mas ninguém descobre o que é. Só que esta noite as coisas saíram do controle. Estou te ligando para você confortar a Laura. Provavelmente, ela deve estar sentindo a falta dele na escola e deve estar preocupada também.

— Eu vou à escola conversar com ela, fique tranquila. Mais tarde eu passo aí no hospital para saber dele.

— Obrigada, amiga.

— Fique tranquila... vai dar tudo certo. Caio é jovem e os jovens se recuperam rapidamente.

— Tenho fé em Deus de que não será nada.

— Com certeza, não é nada. Isso é coisa da idade, Luciana.

— Controla a Laura por aí, por favor.

— Pode deixar, não se preocupe com ela. Eu vou até a escola conversar com ela.

— Até mais tarde, amiga.

– Até – disse Flávia desligando o telefone e se preparando para ir ao encontro da filha.

Após alguns minutos, finalmente ela chegou ao lugar e se dirigiu até a secretaria pedindo ao diretor da escola que permitisse que Laura fosse avisada dos acontecimentos.

O diretor, então, pediu a um funcionário que fosse até a sala de aula para chamar Laura à diretoria.

– Com licença, professora.

– Sim, Antônio.

– O diretor pediu para que a senhora libere a aluna Laura até a diretoria, pois ele precisa falar com ela.

– Laura! – chamou em voz alta a professora.

– Sim, professora.

– O dr. Jaime a chama na diretoria.

– Posso ir agora?

– Pode sim, querida, e leve suas coisas.

Rapidamente, Laura reuniu todos os seus pertences e dirigiu-se à sala da diretoria.

Todos os alunos ficaram surpresos, principalmente Fernanda, sua melhor amiga. Ela pensou: "o que será que aconteceu para chamarem a Laura até a sala da diretoria no meio da aula?".

Laura se surpreendeu com a presença da mãe. Ela sentiu um aperto no peito e seus olhos se encheram de lágrimas. Pensou: "o que será que mamãe está fazendo aqui a essa hora?".

Seus pensamentos ficaram confusos, ela se emocionou, e não conseguiu esconder sua preocupação.

– O que houve, mãe? Aconteceu alguma coisa?

– Senta aqui, filha – disse Flávia mostrando um lugar ao seu lado.

– Fique calma, Laura – disse o diretor, que já estava a par dos acontecimentos.

Laura começou a chorar.

Flávia, com os dois polegares, secou as lágrimas da filha carinhosamente.

– Não fique assim, não aconteceu nada demais. Apenas o Caio que foi internado com uma febre alta, mas não há de ser nada, fique calma.

– Ele vai morrer, mãe?

– Claro que não, filha. É só uma febre.

– Mas ele estava bem ontem, não reclamou de nada.

– Não fique preocupada, Laurinha, essas coisas são comuns na idade de vocês – disse Jaime se intrometendo na conversa.

– Eu agradeço, diretor – disse Flávia.

POR QUE VOCÊ MORREU?

– Mãe, eu quero ver ele, quero ficar com ele.

– Nós vamos passar agora no hospital.

– Pode ir, Laura, eu abono o seu dia de aula, pode deixar.

– Obrigada, diretor.

Flávia e Laura deixaram a escola e se dirigiram rapidamente para o hospital.

– Mãe?

– Sim, filha.

– Estou sentindo uma coisa muito ruim dentro de mim.

– O que você está sentindo, filha?

– Não sei explicar... é uma angústia muito grande.

– Fique calma, Laura, ele vai ficar bem. Não adianta se desesperar, pois ainda não se sabe o que ele tem. Luciana me disse que os médicos estão debruçados na doença de Caio. Estão fazendo vários exames para identificarem o que é.

– Por que ele ficou doente, mãe?

– A Luciana me disse que ele não vem se sentindo muito bem há quase um ano.

– Por que será que ela não nos contou nada sobre isso? Ele nunca me disse nada sobre essa febre.

– Não sei, filha. Provavelmente, ele não quis que você ficasse preocupada.

– Dia desses, estávamos caminhando na praça, e ele quase desmaiou. Tive que segurá-lo para não cair. Briguei muito com ele, pois o Caio não é de comer muito.

– E você falou com a Luciana sobre isso?

– Ele me pediu para não falar nada, disse que era só uma indisposição, porque não havia comido nada naquela manhã. Realmente, ele estava há muitas horas sem comer.

– Ele sempre foi ruim para comer, não é?

– Nossa! Para o Caio comer, eu tenho que implorar e, às vezes, até empurrar boca adentro. Parece uma criança...

– Deve ser por isso, filha. Não se alimenta corretamente, o corpo reage.

– Tomara que seja isso mesmo, mãe. Mas, algo dentro de mim, me assusta.

– Fique calma, filha. Chegamos! Vou estacionar ali atrás do prédio e seguimos para saber dele, ok?

Laura se ajeitou e desceu do carro ansiosa para saber notícias de Caio.

A recepção do hospital estava vazia.

Flávia se dirigiu ao balcão para saber do rapaz.

– Boa tarde!

– Boa tarde, senhora! Em que posso ajudar?

– Gostaria de ter notícias de um paciente, o nome dele é Caio.

– Caio de que, senhora?

– Laura, qual é o sobrenome do Caio?

– Arruda, mãe.

– Caio Arruda.

– O paciente está sendo transferido para a Santa Casa.

– Transferido? Agora?

– Neste momento, senhora. Os pais estão com ele na ala sul do prédio anexo.

– Podemos ir até lá? – perguntou Laura.

– Podem sim, mas não poderão chegar muito perto, pois trata-se de uma área de isolamento.

– Onde é?

– Sigam por este corredor até o final e virem à esquerda – indicou a recepcionista.

– Obrigada! – disse Flávia pegando Laura pela mão e dirigindo-se ao corredor indicado.

Elas caminharam rápido, até chegarem a uma parede de vidro, onde estavam Luciana e Felipe, ambos chorosos.

– Luciana! – chamou Flávia pela amiga.

– Oi, Flávia, oi, Laurinha – respondeu Luciana acenando com a mão.

Após colocarem Caio na ambulância, Luciana e Felipe se aproximaram do local onde estavam Flávia e Laura.

Felipe se aproximou e abraçou as duas.

– O que houve, meu Deus? – perguntou Flávia, com ar de desespero.

– Não sabemos ainda, os médicos optaram por transferi--lo, pois o quadro está se agravando. Estamos muito assustados e preocupados.

Laura começou a chorar ao ver Caio dentro da ambulância deitado em uma maca e cheio de tubos ligados a ele.

Luciana se aproximou e abraçou a filha.

– Ele vai vencer, Laura, ele vai ficar bem! Confiemos na providência divina.

Laura permaneceu calada e chorando, olhando fixamente para o seu amor.

– Ele vai para a Santa Casa?

– Sim, está sendo transferido para lá – confirmou Felipe.

– Nós podemos ir? – perguntou Laura.

Luciana, então, se aproximou da menina e colocou suas mãos sobre sua linda face, carinhosamente dizendo:

– Nem nós que somos os pais poderemos ficar com ele. Caio será isolado para uma bateria de exames, a fim de tentarem achar o que está acontecendo com ele.

– Mas eu fico esperando do lado de fora. Fico na calçada do hospital.

– Vamos fazer assim: você vai para a sua casa com a sua mãe e, assim que eu tiver qualquer notícia, eu te aviso, aí você pode ir à Santa Casa para vê-lo – disse Luciana com carinho.

– Não podemos ir, filha – disse Flávia.

– Eu aviso assim que tiver qualquer notícia, Flávia.

– Obrigada, Felipe.

A ambulância saiu levando Caio.

Tristes e desconsoladas, Laura e Flávia retornaram para casa. Durante o trajeto de retorno ao lar, Laura não falou nada, permaneceu calada e fechada, com o rosto inchado de tanto chorar.

Flávia ficou preocupada, pois a menina não havia mais chorado desde a saída do hospital, apenas ficou quieta e mantinha o olhar perdido.

Ao chegarem em casa, Luciano estava preocupado à espera da esposa e da filha. Laura entrou, passou direto e rapidamente pelo pai, e se trancou em seu quarto.

– Oi, amor.

– Oi, querido.

– O que houve com o Caio? A cidade inteira está comentando. Dizem que ele está em estado grave, e alguns até dizem que ele vai morrer.

– Não sabemos de nada ainda. A Luciana está arrasada, e o Felipe, então, nem se fala.

– Mas por que ele foi internado?

– Uma febre alta que o acompanha há quase um ano e ninguém sabia.

– Uma febre? E ninguém cuidou do garoto?

– Olha o julgamento, Luciano – advertiu Flávia.

– Perdoe, querida, mas não o levaram a um médico antes para saber o motivo da febre?

– Não sei. Só sei que ele está em estado grave. Foi entubado e transferido para a Santa Casa.

– Grave? Entubado? Meu Deus...

– Sim. Ele foi transferido em caráter de urgência para a Santa Casa, e lá será submetido a uma bateria de exames para tentarem achar o que ele tem.

– Que estranho... isso está muito estranho.

– É mesmo... realmente, é muito estranho. Você viu o Tiago?

– Não, ele ainda não chegou da escola. Acho que não chegou, estou confuso.

– Hoje eu ainda não o vi também. Não fique assim, nós precisamos passar segurança para a Laura. Ela é que me preocupa.

– Está bem, amor, vamos nos manter calmos para ajudar nossa filha. Você não viu o Tiago nem pela manhã?

– Nem pela manhã... quando eu acordei, ele já havia saído.

– E não disse aonde ia?

– Deixou um bilhete dizendo que iria estudar na casa do Guilherme, pois teriam prova hoje.

– Ele deve estar com o Guilherme então, fique tranquila. E como está a Laura? Ela entrou e nem falou comigo...

– Arrasada. Eu nunca vi a Laura assim. Estou preocupada.

– Meu Deus, cuida do Caio. Se algo pior acontecer com esse menino, não sei o que será da nossa filha.

– Vire essa boca para lá, amor... ele é jovem e vai se sair bem dessa.

– Deus te ouça, Flávia, Deus te ouça...

– Por que você diz isso?

– Porque ele sempre foi fraco... uma vez, o Felipe me disse que desde que nasceu o Caio é problemático. Luciana vive atrás dele com algo para ele comer ou beber, e ele sempre nega. É um excelente moço, mas é problemático.

– Ele é jovem e vai dar tudo certo. Agora, só nos resta esperar pelo telefonema da Luciana, pois ela ficou de ligar assim que tivesse mais notícias. Vou preparar um lanche para a Laura e levar até o quarto dela.

– Faça isso, amor.

– Fique atento ao Tiago... esse garoto anda muito quieto, pode ser que esteja preparando alguma coisa.

– Ele só está focado nos estudos, amor.

– Deus te ouça!

As horas passaram, até que Luciana, enfim, liga para Flávia.

– Alô!

– Felipe?

– Sim.

– É a Luciana... a Flávia está por aí?

– Sim, vou chamá-la, só um minutinho, por favor.

Quando Luciano se vira para ir chamar a esposa, ele dá de cara com Laura parada à sua frente... ela estava atenta ao toque do telefone.

– Quem é, pai?

– É a Luciana, ela quer falar com a sua mãe.

– Mãe! – gritou Laura.

Flávia apareceu rapidamente.

– O que houve, gente?

– É a Luciana ao telefone, amor.

Flávia, então, correu para atender.

– Alô! – disse Flávia, com Laura ao seu lado atenta à conversa.

– Flávia?

– Sim, sou eu. Como está o Caio?

Após uma pausa...

– Ele piorou, minha amiga.

– Meu Deus!

– O que houve, mãe?

– Calma, Laurinha... sente-se ali, a mamãe vai saber o que está acontecendo e já te conta.

Luciano pegou Laura pelos braços e a levou para sentar-se em uma cadeira próxima na sala de jantar. Ele se sentou ao lado da filha para cuidar dela.

Laura começou a chorar compulsivamente.

– Sei – disse Flávia. – Está bem, amiga... amanhã, bem cedo, iremos até o hospital.

Após uma conversa monossilábica, Flávia desligou o telefone e ficou tensa por alguns segundos, tentando juntar forças para conversar com Laura.

– Me diz, mãe, o que está acontecendo?

– Senta aqui, filha – disse Flávia se sentando no sofá maior.

Laura se levantou da cadeira e dirigiu-se até o sofá para sentar-se ao lado da mãe. Felipe sentou-se ao lado dela.

– Os médicos ainda não têm um diagnóstico definido,

filha, mas já se sabe que é um caso raro e muito sério. Ele está estável e, se amanhã, ele mantiver o quadro atual, nós poderemos ir vê-lo. Os médicos vão permitir visitas. Agora, não adianta sofrer por antecipação, portanto, vá para o seu quarto, descanse e, amanhã, bem cedo, partimos para a Santa Casa.

– Você jura que tudo isso é verdade, mãe?

– Nunca menti ou mentirei para você, meu amor, mesmo que doa, a sua mãe sempre falará a verdade.

– Está bem! Vou para o meu quarto rezar mais um pouco... eu tenho fé que Deus está ouvindo minhas orações, e que o meu amor vai ficar bom.

– Nós também, filha – disse Luciano.

Laura deixou a sala e foi para o seu quarto, onde permaneceu em oração pelo restante do dia.

Luciano chamou a esposa para uma conversa reservada na varanda da casa.

Flávia seguiu o marido até o local.

– O que ele tem, amor? Me conte tudo...

– Os médicos estão desconfiados que seja um câncer raro.

– Câncer? Um menino tão jovem.

– Para o câncer não há idade. Mas é uma desconfiança, ainda não se sabe ao certo o que ele tem. Caio está fazendo uma ressonância magnética neste momento para confirmarem o diagnóstico... Deus queira que não achem nada.

Amanhã, pela manhã, chegará o resultado de um outro exame, a partir daí, finalmente, o diagnóstico será fechado. Mas eles já deixaram claro para Luciana e Felipe de que se trata de um caso raro e muito grave.

– Meu Deus, eu nem consigo imaginar o que os nossos amigos estão sentindo... confesso que se alguma coisa desse tipo acontecesse em nossa família, eu não teria estrutura para lidar.

– Deus sabe o que faz, Luciano.

– Confiemos na providência divina, meu amor.

– Confiemos e cuidemos ainda mais da Laura, pois ela vai precisar muito de nós daqui para frente.

– Deus me livre do pior, não sei o que seria da minha filha.

– Deus é bom!

– Vamos entrar, vou preparar um jantar que ela gosta.

– Eu te ajudo.

Luciano e Flávia se dirigiram à cozinha, onde prepararam o jantar daquele terrível dia.

> *As coisas de Deus parecem incompreensíveis aos olhos humanos, mas são perfeitas aos propósitos evolutivos.*

Frei Daniel

A separação temporária

Alguns dias se passaram, até que Laura finalmente conseguiu falar com o seu grande amor.

Ela chegou ao hospital bem cedo, aliás, como fazia todos os dias antes de ir para a escola. Felipe sempre levava a filha antes de ir para o trabalho. Laura recebia todo o apoio familiar, exceto do irmão Tiago, que estava cada dia mais distante.

Laura estava magra e bem deprimida com a doença de Caio. Ela chegou ao hospital e foi recebida por Luciana.

– Bom dia, dona Luciana.

– Bom dia, Laura. Como você está?

– Tentando viver.

– Nós também, querida. Vamos continuar orando e Deus vai nos ajudar.

– Eu posso vê-lo hoje?

– Ele está acordado. Eu tenho medo da reação dele ao te ver, mas confio que você vai saber ajudá-lo a melhorar. Tenha calma e passe para ele uma mensagem de fé, para que ele seja forte. Não fale nada sobre a doença, pois ele ainda não sabe.

– Bom dia, Luciana.

– Bom dia, Luciano.

– Como está o Caio?

– Na mesma. Estamos na luta, meu amigo, e com as bênçãos de Deus, o Caio vai conseguir vencer. Vamos sair dessa.

– Nós também estamos em oração e pedindo muito a Deus pela recuperação do Caio.

– Peço muito a Nossa Senhora para que não leve meu filho de mim.

– Não diga isso, ele vai melhorar.

Felipe se aproxima, pois acabara de chegar ao hospital.

– Bom dia, Laura e Luciano. Oi, meu amor – disse Felipe beijando a testa de Luciana.

– Bom dia, Felipe – respondeu Luciano. Laura se manteve calada.

Luciana, então, pediu a Felipe para levar Laura ao encontro de seu grande amor.

– Leve a Laura, Felipe, é a primeira porta à direita. Mudaram ele de quarto esta noite.

– Obrigado. Venha, Laura, vamos abraçar o Caio.

Laura mal conseguia andar, e Felipe, ao perceber a fraqueza da nora, apoiou a moça em seus braços, a conduzindo lentamente até o quarto.

Ela estava sem forças, mas não desistia de ir ver quem muito amava. A porta se abriu devagar, e quando Laura entrou, mesmo estando muito fraco, Caio abriu um lindo sorriso para receber a amada.

Laura seguiu em passos rápidos em direção ao seu amor e, sem conter a emoção, se jogou em seus braços. Felipe, preocupado, acompanhou o encontro emocionado, e tratou de tomar todos os cuidados para proteger os tubos ligados ao rapaz.

– Meu amor...

– Te amo! – disse Caio.

– Meu amor, não fique doente, melhore logo, pois nós temos uma vida inteira para viver.

– Não sei se vou conseguir, Laura, mas, para onde eu for, estarei te esperando para vivermos o nosso amor na eternidade. Como eu te amo... – duas lágrimas desceram pelos olhos de Caio molhando sua face sofrida.

Felipe deixou o quarto convidando Luciano a sair com ele, para deixar Laura e Caio viverem o momento deles sozinhos.

Laura se calou e ficou sentindo a respiração do seu amor. Ficou ali sentindo o cheiro gostoso do suor de Caio que lhe perturbava as entranhas da alma.

– Venha, Felipe, vamos deixá-los a sós.

Luciano e Felipe deixaram o quarto.

– Que barra pesada, hein, meu amigo...

– Não está sendo fácil para nós. Por que Deus permite que isso aconteça? Por quê? Me pergunto isso todos os dias, todas as horas... esta é a pergunta que me faço diariamente ao deitar e ao acordar pela manhã. Onde foi que erramos para merecer esse castigo? Por que Deus permite que um menino tão cheio de vida, tão cheio de sonhos, esteja morrendo um pouco a cada dia em um leito de hospital? Por que Deus não cura o meu filho?

– Meu amigo, vou te confessar uma coisa, a minha filha está morrendo junto a ele, não sabemos mais o que fazer. Aquela menina cheia de vida, que era a melhor aluna da escola, já não existe mais. Laura está definhando junto ao Caio. Estamos muito preocupados com ela.

– Me perdoe por isso estar acontecendo com ela. Nós estávamos receosos de deixar que ela visse o Caio, mas sabemos que nos resta pouco tempo. E, por incrível que pareça, nos preocupamos muito com a Laurinha. Eles sempre estiveram juntos. São almas gêmeas, não temos dúvida disso.

– Não carregue essa culpa, Felipe. Deus sabe o que faz, meu amigo, e o mais importante agora é cuidarmos do Caio.

– Nem acredito mais em Deus, Luciano.

– Creia, meu amigo! Milagres são possíveis e Deus nos ama profundamente.

– Meu filho não merece o que está vivendo, aliás, não merece estar morrendo dessa forma. O que foi que ele fez para merecer isso?

– Afinal, o que ele tem? Os médicos fecharam o diagnóstico?

– Na verdade, os médicos descobriram que ele teve um câncer raro e, agora, o câncer se espalhou para os ossos. Essa doença é maldita e silenciosa. Nunca poderíamos desconfiar que essa desgraça estivesse acontecendo conosco.

– E não tem cura?

– Infelizmente, não. Ele vai nos deixar.

– E quanto tempo ele tem?

– Os médicos acreditam em alguns meses.

– Lamento muito, Felipe. Meu amigo, sinto como se fosse comigo.

– Vamos seguir com ele até o final. Só nos resta dar a ele o amor que sentimos.

– Se precisar de algo, me avise. Conte comigo para tudo.

– Eu só te peço que cuide muito bem da Laura. Ela vai sofrer muito quando esse dia chegar. Sabemos que ele a ama muito.

– Flávia está ao lado dela todos os dias. Inclusive, elas reunirão um grupo de amigas da Laura e amigas da Flávia em oração. Todos os dias, às 20h, elas vão se reunir lá em casa para orarem por ele.

– Eu agradeço as orações.

Luciana se aproximou dos dois para conversarem.

– Luciana, eu lamento tudo o que vocês estão vivendo. Sinceramente, dói em mim, como se fosse meu filho.

– Você contou tudo para ele, Felipe?

– Sim, meu amor. O melhor é a verdade, e Laura precisa estar ciente do que estamos vivendo.

– Eu estava conversando com o Humberto, e ele acha que o melhor, nesse momento, é que o Caio vá para casa, para passar seus últimos dias ao nosso lado e ao lado das pessoas que mais ama.

– Eu acho que é o melhor para todos, afinal, papai e mamãe, assim como os seus pais precisam se despedir do neto – disse Felipe.

Luciano assistia a tudo calado.

– Quando poderemos levá-lo para casa, amor?

– Ele disse que a decisão é nossa. Que não há mais nada a fazer. Que a medicação que ele está tomando aqui, pode ser dada em casa. Precisaremos contratar uma enfermeira, mas isso a gente resolve depois.

– Vamos fazer isso, amor.

– Então, vamos fazer isso. Vai ser bom para ele ficar ao lado do Thor e da Laura – disse Luciana, emocionada.

– É o que ele mais pede. Ele morre de saudades do Thor.

– Vamos levá-lo para casa então, está decidido.

Após algum tempo, Luciana, Felipe e Luciano se dirigiram ao quarto para dar a notícia para Caio e Laura.

Laura estava deitada na maca ao lado de Caio, ambos estavam calados e grudados um no outro.

– Caio?

– Oi, mãe.

– O médico disse que você pode ir para casa, você quer ir?

– Sim, quero! Claro que é o que eu mais quero, preciso ver o Thor.

– Então, vamos providenciar uma ambulância para te levar.

– Eu posso ficar com ele?

– Sim, Laura, você pode ficar com ele.

Felipe, então, foi até a administração do hospital para tratar da alta de Caio. Após a visita, Laura voltou até mais feliz para casa, afinal, o seu amor iria para casa, e ela poderia ficar mais tempo ao lado dele.

Ao chegarem em casa, Luciano procurou por Flávia para dar a ela a boa notícia, e a encontrou trancada no quarto de Tiago. Eles estavam discutindo.

Luciano bateu suavemente à porta.

Flávia abriu e viu que se tratava de Luciano, e então aproveitou e o convidou a entrar para terem uma conversa definitiva com Tiago.

– O que está acontecendo aqui, Flávia?

– É esse menino, eu não sei mais o que fazer com ele.

– Mas o que houve, Tiago?

– É melhor que vocês afastem a minha irmã do Caio, ele vai morrer e está matando a minha irmã... olhem como ela está magra, acabada, não estuda, não come, não sorri mais.

– E o que é que você tem a ver com isso, rapaz?

– Pai, temos que proteger a Laura. Precisamos mudar de cidade e deixar esse cara morrer, depois a gente volta.

– Você está delirando, Tiago – disse Flávia evitando gritar para que Laura não escutasse os absurdos que o irmão dizia.

Luciano aproximou-se do rosto de Tiago, que estava sentado, e com o dedo indicador em riste, disse:

– Olha aqui, meu rapaz, nunca mais diga algo parecido com o que disse agora. Nunca mais se meta na vida da sua irmã, está ouvindo bem?

– Mas eu só quero cuidar dela...

– A sua irmã é nossa responsabilidade, e você não tem nada com isso. Não vou falar mais. E o senhor está de castigo, não vai sair de casa por uma semana. Venha, Flávia, vamos cuidar da Laura.

Ambos deixavam o quarto, enquanto Tiago planejava mentalmente como proteger Laura de Caio.

Era manhã, quando Laura retornou à casa do amado. Seus pais e avós estavam reunidos na sala em orações.

Caio estava em um quarto adaptado no térreo da linda residência.

– Bom dia!

– Bom dia, Laura! – disse Luciana a recebendo.

– Posso ver o Caio?

– Claro, entre! Ele está te esperando no quarto.

Laura agradeceu com um sorriso e se dirigiu rapidamente ao quarto.

Ela entrou sorrindo e foi recebida com amor pelo namorado.

Caio estava deitado e, em seus pés, estava o seu fiel amigo, o Thor, que, ao ver Laura, fez uma enorme festa pulando em seu colo, no qual foi acariciado e beijado várias vezes por ela.

– Oi, meu amor! – disse Laura, após os carinhos em Thor.

– Oi.

– Como você está hoje?

– Estou bem. Sinto um pouco de dor, mas está controlada com os remédios.

– Você quer que eu faça alguma coisa para você hoje?

– Eu gostaria muito de ir à colina.

– Na colina? Você está doido?

– Sim, estou doido para voltar ao meu lugar predileto, onde sempre beijei sua boca... sempre gostei daquele lugar e queria ficar um pouco lá olhando a paisagem.

– Vou falar com os seus pais para podermos ir. Não sei se eles irão permitir, mas vamos tentar.

Laura foi até a sala na qual os pais e os avós de Caio se encontravam em oração matinal.

Ela chegou e todos olharam para ela com ternura.

– Oi, Laura.

– Dona Luciana, o Caio me pediu uma coisa.

– O que ele quer?

– Ele quer ir até a colina.

– Colina?

– Sim, aquela colina que fica no parque, de onde é possível ver toda a cidade.

– Eu sei onde é – disse Felipe.

– Mas o que ele quer fazer lá?

– Olhar para a paisagem. Sempre que saíamos da escola, nós íamos até lá. É o nosso lugar secreto.

– Ele nunca me contou isso – disse Luciana.

– Podemos levá-lo?

– Sim, podemos – disse Felipe.

– Vou prepará-lo para podermos ir – disse Luciana se levantando.

– Pegue a cadeira de rodas, está na varanda – orientou Luciana a Felipe.

Após algum tempo, todos chegaram ao lugar chamado colina. Era um lugar realmente esplendoroso, na verdade, um belvedere, onde turistas e amantes da natureza se sentavam para contemplar a linda paisagem.

Caio estava sentado em sua cadeira de rodas, pois não tinha forças para caminhar. Ele estava muito feliz, e Laura estava sentada ao seu lado.

Thor brincava à sua frente pegando um graveto que era jogado por Laura, para alegria de Caio.

Felipe e Luciana estavam um pouco distantes, sentados em um banco de praça ao lado dos avós de Caio, que estavam há dias acompanhando o estado de saúde do neto.

– Laura?

– Oi, amor.

– Eu quero te contar uma coisa.

– Conte.

– Esta noite eu tive um sonho. Foi um sonho muito real.

– Sonho real? Me conta, estou curiosa.

– Eu sonhei que estávamos em uma cidade muito antiga, e que eu era bem forte e muito bonito. O lugar não era aqui. Lembro que estava com você e estava sentado em uma grande sala com muitas pessoas, e elas pareciam nos conhecer muito bem. Você era ainda mais bonita do que é hoje, os seus olhos eram como pedras preciosas que brilhavam quando você olhava para mim.

– Que sonho lindo, amor.

– De repente, dois homens me atacaram e me feriram, e eu pude ver o meu corpo, enquanto flutuava em direção a uma linda luz, que era muito forte, mas que não ofuscava os meus olhos.

– Que sonho é esse, Caio?

– Aí, eu chegava a um lugar muito bonito, onde havia pessoas me esperando... elas eram muito bonitas e tinham luz própria, era como se elas fossem anjos reluzentes. Elas me acolheram, e eu fiquei muito feliz em poder estar com elas, embora eu não conhecesse nenhuma delas.

– Será que são os anjos de Deus?

– Se eram anjos, eu não sei, mas que eram de Deus, eu tenho certeza, pois eram todos muito bonitos.

– Você está bem, amor?

– Sim, estou bem. Deixa eu te dizer uma coisa, Laura.

– Diga, meu amor.

– Quando eu for embora, não fique triste, não chore, e não deixe jamais de correr atrás dos seus sonhos. A minha morte não significa o fim, nem para mim e, muito menos, para você.

– Que assunto chato, Caio.

– Olhe ao nosso redor e veja como é linda toda a criação de Deus. Olhe, amor...

– Estou olhando.

– Você vê os pássaros revoando sobre a relva verde?

– Sim, são muitos.

– Eles vieram me buscar.

– Caio, pelo amor de Deus, não diga isso!

– Me dê sua mão, Laura.

Laura, então, segurou firme nas mãos de Caio.

– Elas estão frias...

– Sim, estão frias.

– As minhas mãos estão frias, porque o meu espírito está se distanciando do meu corpo... eu estou indo embora, mas para te esperar para juntos podermos viver o nosso eterno amor. Como disse, não chore, não fique triste, e não deixe de viver as coisas deste mundo, pois elas são belas e foram criadas para a nossa felicidade.

– Caio, por favor, não vá... fique comigo.

Laura se desesperou ao perceber que Caio realmente estava morrendo. Ela, então, sinalizou para Luciana e todos os demais que algo muito ruim estava para acontecer.

Luciana correu, se ajoelhou aos pés do filho e segurou uma de suas mãos. Laura segurou a outra.

Felipe estava ajoelhado e orando junto aos seus pais e aos seus sogros por um milagre... foi quando Thor deitou-se nos pés de Caio, que o olhou com ternura.

– Mãe, não chore porque estou indo. Pai, eu sempre te amarei. Vó, vô, não chorem... alegrem-se com as coisas de Deus.

Laura, meu maior amor, eu sempre te amarei...

Essas foram as últimas palavras de Caio, que adormeceu o sono da morte ao lado daqueles que o amavam verdadeiramente.

POR QUE VOCÊ MORREU?

Laura chorou sem largar da mão de seu amado.

Luciana não conseguiu ficar segurando a mão de Caio, e se afastou para chorar sozinha.

Felipe era o mais forte. Ele pegou a cadeira de rodas com o filho já morto, e dirigiu-se até o carro, onde depositou o corpo de Caio. Todos se dirigiram para o hospital.

– Por que você morreu, Caio? – perguntava Laura olhando para os céus.

Por que você morreu?

> *A morte é um acontecimento biológico, destino de todos os encarnados.*

Rodrigo

A vida espiritual

Caio viu o seu corpo falecido sobre uma cadeira de rodas rodeado dos familiares queridos e de seu grande amor. Ele retomou a consciência e percebeu a presença de quatro espíritos enviados para lhe buscar.

Ele olhava para Laura, para sua mãe, seu pai e seus avós. Todos choravam pela sua partida. Laura estava ajoelhada e com a cabeça repousada no seu colo em lágrimas de sofrimento.

– Fique calmo e tranquilo, Caio. Nós estamos aqui para te levar.

– Quem são vocês?

– Amigos de outras vidas.

– Mas eu não os conheço?... Outras vidas?... Como assim?...

– Tenha calma, pois tudo lhe será esclarecido no tempo certo. Nesse momento, você pode se despedir das pessoas que estão aqui ao seu lado. Aproveite a despedida...

– Por que eu morri?

– Isso também será respondido a você no momento certo.

Caio ficou olhando para Laura e para seus pais e começou a chorar.

– Pode chorar, Caio, é bom que você compreenda o que está acontecendo nesse momento e perceba que quem morreu, na verdade, foi o seu corpo doente – disse uma jovem muito bonita que estava lhe segurando o braço direito.

– Por que eu morri? Eu quero ficar com a Laura. Não me levem, por favor. Eu preciso ficar com o meu amor.

– Tenha calma, irmão, tenha calma – disse um rapaz alto e forte.

Caio se sentou ao lado de seus avós e chorou muito.

Luciana estava inconsolável pela morte de seu único filho em idade tão jovem.

– Venha, Caio, precisamos ir – disse a jovem se aproximando dele.

– Eu não quero ir, quero ficar aqui ao lado deles.

Naquele momento, ela estendeu sua mão direita sobre a fronte de Caio, que adormeceu imediatamente, e foi amparado pelos maqueiros que já estavam à espera para levá-lo.

Uma maca foi plasmada e os outros dois rapazes colocaram Caio sobre ela.

– Estão todos prontos?

– Sim, Nina.

– Então, vamos.

Os iluminados adentraram um túnel de luz intensa, e logo chegaram à Colônia Espiritual Amor e Caridade.

As colônias espirituais, chamadas também de cidades espirituais, planos transitórios, e muitos outros nomes, foram criadas ou construídas por espíritos mais elevados.

Espíritos como nós, mas que conseguiram evoluir, através do aperfeiçoamento adquirido nas centenas ou até milhares de encarnações em que viveram. Servem hoje aos propósitos evolutivos de toda a criação, pois ninguém fica sem atividade para fazer na vida espiritual, tudo é muito organizado e todos são felizes.

Essa ideia de descansar não existe quando adentramos à vida espiritual. Assim, esses espíritos são os administradores dessas cidades que estão disponíveis em todo o planeta.

Segundo relatos de alguns mentores, existem aproximadamente 70 mil colônias espirituais sobre o orbe terreno. Isso sem falar das que existem em outros planetas e em outras galáxias.

A codificação espírita ensina um código de conduta que são as verdadeiras leis da natureza, às quais todos nós estamos submetidos: as leis morais. Assim, no processo evolutivo, o ser humano se vê condicionado à lei de causa e efeito e à lei do progresso, que, por vezes, trazem aprendizados e provas dolorosas.

Todavia, impera igualmente a lei do amor, de modo que a misericórdia divina está em todos os lugares, inclusive no mundo espiritual, onde existem verdadeiras organizações em que a caminhada evolutiva do ser tem continuidade: as colônias espirituais.

Deus, sendo justo, dá a todos desafios e oportunidades necessários para que, através do esforço, tenham o mérito pelas conquistas.

Todos os espíritos foram criados simples e ignorantes para que pudessem se esclarecer gradativamente. Na origem, seriam como as crianças inexperientes, só adquirindo pouco a pouco os conhecimentos necessários através das dificuldades vivenciadas na existência corporal.

Ao concluir uma prova, o espírito permanece na sua memória com o aprendizado que ela lhe trouxe. No final, quando percorreremos as diferentes fases da jornada, nos tornaremos perfeitos. E quando isso acontece passamos a auxiliar a Criação em todos os processos evolutivos das Criaturas.

Essa perfeição deve ser entendida de forma relativa, considerando-se o que se pode conquistar no plano evolutivo da Terra e nos mundos muito mais perfeitos.

Deus possui a perfeição infinita em todas as coisas e é perfeito de forma absoluta. Nós temos as possibilidades e devemos realizar todo esforço em alcançar a perfeição relativa, a de que a humanidade é suscetível. Isso nos vai aproximando mais da Divindade, nos aproxima dos propósitos de Deus.

Quando do retorno à esfera de carne, o espírito pode melhorar seus valores através do esforço próprio ou enterrar-se ainda mais nos débitos para com o próximo por menosprezar as oportunidades que lhe foram conferidas, mas, independentemente das escolhas feitas e atitudes tomadas, Deus olha de igual maneira para os que se transviaram e para os outros e a todos ama com o mesmo coração, assistindo-os em todos os momentos, através dos emissários que trabalham na seara do bem.

Retorno para o mundo espiritual

Na esfera espiritual, o espírito continua sua jornada e encontra os recursos necessários para seu auxílio e progresso. Com efeito, Jesus exorta para que *"Não se turbe o vosso coração. Credes em Deus, crede também em mim.* **Há muitas moradas na casa de meu Pai"**.

Essa revelação, além de explicitar a pluralidade dos mundos habitados, destinados à experiência encarnatória, também indica a existência de uma multiplicidade de "moradas" no mundo espiritual.

A passagem reforça, ainda, ser insustentável a noção dicotômica e tradicional de céu e inferno, que é completamente incompatível com a ideia da soberana justiça e bondade de Deus.

Na verdade, o mundo espiritual não é formado por meios estanques e bem delineados geograficamente, podendo variar ao infinito conforme a evolução do espírito, ou seja, de acordo com a elevação de seus pensamentos e sentimentos e da sua maior ou menor ligação com o mundo material. Portanto, o destino do espírito desencarnado não consiste propriamente em prêmio ou punição determinada casuisticamente por Deus, mas é verdadeiro reflexo da vibração do espírito. Das nossas conquistas.

> *"Colhemos na vida espiritual os frutos da semeadura terrena."*
>
> *Frei Daniel*

O pensamento humano possui força criadora, sobretudo no mundo espiritual, em que a matéria é mais sutil, de modo que tudo quanto se pensa, de acordo com a intensidade da ideia, adquire forma e vida. E assim, cada alma entra em ressonância com as correntes mentais em que respiram aquelas que se lhe assemelham.

A literatura espírita traz relatos de diversos cenários no além-túmulo: inúmeras e variadas colônias, que agregam espíritos durante o período em que permanecem na erraticidade, bem como zonas ainda marcadas por dores e sofrimentos, como o Umbral, o Limbo e as Trevas.

O Umbral, *"é a zona obscura de quantos no mundo não se resolveram a atravessar as portas dos deveres sagrados, a fim de cumpri-los, demorando-se no vale da indecisão ou no pântano dos erros numerosos"*.

Trata-se de região que começa na própria crosta e concentra espíritos ainda revestidos de pesados fluidos, devido ao apego ao mundo material ou a sentimentos de egoísmo, orgulho, inveja, culpa ou remorso. Portanto, o Umbral é resultado das construções mentais negativas, nele permanecendo os espíritos que as produzem e que com elas se sintonizam.

Vale destacar que o espírito não estagiará necessariamente nas zonas umbralinas e que, mesmo aqueles que lá se encontram, permanecem apenas um período de tempo, mais ou menos longo, necessário ao esgotamento dos resíduos mentais. Aqueles que conseguem viver períodos maiores no Umbral, estão transgredindo a Lei Evolutiva e sofrem com o passar do tempo as consequências do ato delituoso.

O livro *Nosso Lar*, por exemplo, relata que André Luiz, aferrado ao seu orgulho, demorou-se no Umbral por cerca de oito anos; por outro lado, a personagem Teresa lá esteve por apenas algumas horas, enquanto Laura, sequer precisou enfrentar *"indecisões e angústias do Umbral"*.

O Limbo é onde estacionam temporariamente aqueles espíritos que perderam toda forma perispiritual, devido às mazelas praticadas nas encarnações terrenas, sendo assim, necessitam de refazimento mental e fluídico, tornam-se Ovoides. São assistidos por espíritos que cuidam de seu refazimento perispiritual, e após longo período de tratamento são levados aos hospitais espirituais existentes no Umbral, e na maioria das colônias espirituais.

As regiões trevosas, por sua vez, são aquelas mais inferiores de que se têm notícia, onde estagnam espíritos efetivamente recrudescidos no mal. Como consequência das suas emanações mentais, prendem-se a verdadeiros abismos perturbadores pelo desvio voluntário do dever, insurgindo-se, muitas vezes, contra o próprio Criador.

POR QUE VOCÊ MORREU?

Apesar da angústia que a notícia das zonas inferiores possa acarretar, é necessário ter em mente dois fatores, que reforçam a noção da infinita bondade divina.

O primeiro deles é que todo mal é transitório. Em decorrência da sabedoria de Deus, o próprio mal é utilizado como ferramenta para o progresso: ainda que os cenários tenebrosos das zonas de sofrimento não possuam distrações ou elementos que instiguem a fuga mental, eles compelem as criaturas a se voltarem para dentro de si mesmas, no reconhecimento dos seus próprios erros.

O segundo é que o amor de Deus está sempre presente em toda a criação, de modo que mesmo nos locais mais tenebrosos do mundo espiritual, há socorro disponível. Como diz o Salmo 139: *"Deus sonda e conhece a todos, e pode ser encontrado em qualquer lugar, mesmo nas regiões sombrias e abismais"*.

A lei de causa e efeito é inafastável, mas não inflexível, contando com dois fatores importantíssimos: o tempo e a reencarnação. Assim, ainda que a colheita seja vinculada à semeadura, a boa vontade permite que o enfrentamento dos efeitos ocorra da forma mais leve e proveitosa possível.

Há que se pontuar, todavia, que o livre-arbítrio permanece, mesmo no mundo espiritual. Assim, o amparo depende do sincero desejo de ser socorrido, possibilitando, inclusive, a sintonia vibratória necessária para a cooperação dos espíritos missionários que trabalham incansavelmente no amparo e no auxílio ao próximo, como revela a máxima de nosso irmão Jesus:

"'Amarás o Senhor teu Deus de todo o teu coração, de toda a tua alma, e de todo o teu entendimento!' Esse é o maior e o primeiro mandamento. O segundo é semelhante a esse: 'Amarás ao teu próximo como a ti mesmo'".

Mateus:22:37

As obras espíritas nos oferecem a certeza do auxílio. Muitas vezes, os espíritos familiares e amigos da pessoa, já desencarnados, vêm recebê-la à entrada do mundo dos espíritos e a ajudam a desligar-se das faixas da matéria, como podemos observar nesta obra.

Em *Nosso Lar*, a avó da personagem Hilda vai buscá-la no Umbral, exortando-a a vivenciar os ensinamentos religiosos aprendidos; em *Obreiros da Vida Eterna*, Zenóbia e Ernestina recorrem a amigos para ir ao encontro de Domênico, preso em zona de sofrimento por se manter em temível aridez do coração; o próprio André Luiz, por sua vez, tem a oportunidade de auxiliar seu avô, há muito tempo absorvido pela ganância, como se vê na obra *No Mundo Maior*.

No livro *Cinco Dias no Umbral*, pudemos acompanhar o resgaste de Soraya, que havia sido assassinada, e logo socorrida por sua prima Nina Brestonini, recém-chegada à vida espiritual. Ela e seus amigos da Colônia Espiritual Amor e Caridade tinham somente cinco dias para cumprir com a missão espiritual, e assim o fizeram após enfrentarem tenebrosos desafios.

Existem também verdadeiras equipes, organizadas em diversas colônias, que se ocupam ao penoso trabalho de amparo aos desventurados que ainda se mantêm nas regiões inferiores. Vale ressaltar que o livre-arbítrio existe em todos os lugares.

O mundo espiritual conta, ainda, com instituições situadas nas próprias zonas umbralinas, voltadas ao acolhimento e tratamento de espíritos, para seu posterior encaminhamento a colônias espirituais ou mesmo seu retorno ao mundo material, em reencarnações retificadoras ou compulsórias.

Como exemplo, os livros *Missionários da Luz* e *Nos Domínios da Mediunidade* mencionam hospitais espirituais, criados como refúgio para desesperados, conduzidos para início dos seus processos de recuperação positiva.

Por sua vez, a obra *Os Mensageiros* relata a visita de André Luiz a um posto de socorro. A organização é vinculada à colônia Campos da Paz, a qual foi organizada em região inferior como *"instituto de socorro imediato aos que são surpreendidos na Crosta com a morte física, em estado de ignorância ou de culpas dolorosas"*.

Por fim, tem-se o relato, em *Obreiros da Vida Eterna*, da existência da Casa Transitória de Fabiano. A instituição, que se transfere de tempos em tempos de uma região para outra, atendendo às circunstâncias, foi fundada para acolher espíritos que vivem em região abismal e prepará-los para a reencarnação.

A dedicação e organização dos espíritos amigos é tão admirável que há uma cuidadosa preparação para o acolhimento de espíritos em caso de catástrofes, inclusive com a criação de instituições temporárias e agrupamento de equipes excepcionais.

No *tsunami* que ocorreu no Oceano Índico, em 2004, foram adotadas providências para o auxílio possível, com a convocação de espíritos de todo o mundo para atuar em grupos de resgate espiritual, além da construção de um posto de socorro sobre a região que sofreu mais danos decorrentes do epicentro da catástrofe.

Nos revela Daniel, governador espiritual da Colônia Amor e Caridade: houve uma grande movimentação entre as colônias espirituais e muita atividade de socorro durante a atual pandemia de covid-19. Formaram-se grupos com finalidades diversas, a inspiração aos pesquisadores e profissionais da área de saúde, o auxílio aos doentes, além da adoção de todas as *"providências para receber os irmãos que desencarnarem sob a trágica tempestade viral direcionando-os aos diversos hospitais na espiritualidade"*.

Colônias Espirituais

Os espíritos que não estagiam nas zonas de sofrimento, ou aqueles que delas são resgatados, passam a viver nas colônias espirituais, também chamadas de comunidades espirituais, cidades espirituais ou mundos transitórios. Nesses locais, grupos de espíritos errantes (ou desencarnados) se estabelecem, transitoriamente, enquanto aguardam novas encarnações. Se ocupam nas tarefas diárias da colônia, a fim de esperar pelas oportunidades evolutivas.

São cidades estruturadas em edifícios de natureza sólida, sobre terreno fértil e vegetação com estreita semelhança ao que se conhece na Crosta e podem ser de tipos diversos, tais como socorristas, correcionais, de estudo, de desenvolvimento das artes, de pesquisas no conhecimento científico e muitas outras. Há colônias especializadas no atendimento às crianças, um misto de escola de mães e domicílio dos pequeninos que regressam da esfera carnal, como é a Colônia Espiritual Amor e Caridade.

As colônias apresentam prédios, pátios, jardins, casas, parques, árvores, hospitais, lazer, bibliotecas etc., onde os espíritos trabalham, estudam, reúnem-se às suas famílias desencarnadas, quando possível, e descansam. Tal conceito foi amplamente abordado na série denominada *A Vida no Mundo Espiritual*, psicografada pelo espírito André Luiz, através do médium Chico Xavier, iniciada pelo livro *Nosso Lar*.

Allan Kardec, nas obras básicas da Doutrina Espírita, não se refere explicitamente às colônias, mas nela se encontram algumas referências a isso.

Os Espíritos informam que no mundo invisível há elementos materiais disseminados por todos os pontos do espaço na atmosfera e que eles têm um poder sobre esses elementos que se está longe de suspeitar. Eles podem concentrar a sua vontade nesses elementos e fazem a matéria etérea passar pelas transformações que queiram.

Em uma comunicação, o espírito de uma condessa chamada Paula faz uma comparação da Terra com o mundo espiritual: *"Os vossos palácios de dourados salões, que são eles comparados a estas moradas aéreas, vastas regiões do espaço matizadas de cores que obumbrariam o arco-íris?".*

Os espíritos informam, ainda, que na erraticidade se aplicam a pesquisar, estudar, observar. Onde poderiam executar essas atividades, se não em locais que ofereçam uma estrutura adequada para isso?

Nas colônias, é natural que a luta do bem para extinguir o mal ou o desequilíbrio da mente continue com as características conhecidas na Crosta da Terra.

O interesse pela ascensão do espírito aos planos superiores é a marca de todos aqueles que já despertaram para o respeito a Deus e para o amor ao próximo.

O trabalho do bem é incessante, a religião não tem dogmatismo, a filosofia acata os melhores pensamentos onde eles se manifestem, a ciência é humanitária e o esforço pelo próprio aperfeiçoamento íntimo é impulso infatigável em todas as criaturas de boa vontade.

Existem centenas de colônias em torno da Terra, obedecendo às leis que regem os seus movimentos de rotação e translação.

Algumas dessas colônias são descritas no livro *Moradas Espirituais*, mas há referências em muitos outros livros. Cada uma delas apresenta particularidades essenciais quanto à estrutura, de acordo com a sua finalidade e permanece em degraus diferentes na grande ascensão.

POR QUE VOCÊ MORREU?

As colônias em formação – e há várias ainda –, buscam inspiração nos trabalhos de abnegados trabalhadores de outras esferas.

Existem colônias localizadas nas zonas umbralinas, como anteriormente citado, mas também outras situadas em zonas espirituais mais elevadas. Em diversos livros, há a descrição do momento de uma prece, quando emissários dos planos superiores irradiam energias sutis que são captadas por aquele que ora e daí então são transmitidas aos presentes. Nesses planos superiores, onde habitam esses emissários divinos?

No livro *Memórias de um Suicida*, o autor espiritual foi recolhido da zona de sofrimento e conduzido para a colônia correcional Maria de Nazaré. Essa mesma obra fala de caravanas fraternas, de espíritos em estudo e aprendizados beneficentes, assistidas por mentores eméritos, que penetravam aquela tristonha região, provindas de zonas espirituais mais favorecidas.

No livro *Colônia Espiritual Amor e Caridade*, Daniel e seus abnegados companheiros do amor, recebem, cuidam e instruem centenas de crianças que desencarnam vítimas de câncer. Os hospitais dessa colônia recebem pacientes que são levados em desdobramento para tratamento em suas enfermarias. Assistem ainda a centenas de centros espíritas sobre o orbe terreno, orientando e instruindo os médiuns que se dedicam à incansável e delicada tarefa evolutiva.

No livro *Transição Planetária*, é descrita a colônia Redenção em operosas atividades de resgate, e uma outra sobre Minas Gerais, ambas situadas em zonas superiores.

O intercâmbio entre as colônias espirituais é constante e natural, tal qual acontece na Terra entre as diferentes comunidades que se sustentam e confraternizam. Embora cada qual possua as suas próprias e específicas características, todas operam em favor do desenvolvimento moral dos seus habitantes desencarnados, preparando-os para os cometimentos futuros nas reencarnações abençoadas.

André Luiz, no livro *Sexo e Destino*, fala do instituto Almas Irmãs, um hospital-escola destinado ao acolhimento daqueles necessitados de reeducação sexual. Após o resgate das regiões trevosas, são admitidos e recebem tratamento, planejamento e amparo na reencarnação. Aqueles que aproveitam os recursos e vencem as provas, recebem oportunidades de trabalho, em estâncias superiores.

Em *Nosso Lar*, descreve-se moradias mais elevadas, em que mora a Ministra Veneranda e tem a oportunidade de visitar a genitora na sua elevada colônia em um sonho, por desdobramento.

O livro *Os Mensageiros*, fala de Ismália, que tem residência num plano superior ao do esposo, Alfredo, mas vem visitá-lo mensalmente para infundir-lhe ânimo.

Emmanuel nos relata uma formosa cidade espiritual, nas adjacências da Crosta Planetária, onde iluminado orientador preparava falanges enormes de espíritos convertidos ao bem para a batalha de suor e sangue, o retorno à carne na época em que os cristãos desapareciam nas fogueiras e nas cruzes, nos suplícios intermináveis ou nas mandíbulas das feras.

O livro *Renúncia*, descreve um templo de trabalho e oração ligado às esferas de Sírius, onde Alcione roga o seu retorno à encarnação na Terra. Tem majestosas proporções e é dominado por pensamentos intraduzíveis. Nesse templo, os trabalhadores prestavam auxílio ao planeta Terra. Alcione trabalhava auxiliando os benfeitores da Arte terreal relativamente ao ritmo e harmonia musicais. Ela foi desligada das suas obrigações a fim de que se adaptasse às situações adversas das regiões inferiores, pois, para isso, deveria gastar quase dez anos terrestres.

A cidade espiritual mais conhecida dos leitores espíritas é a Nosso Lar, apresentada nos livros do espírito André Luiz. Abaixo, relatam-se as descrições, apresentadas no próprio livro.

Colônia consagrada ao trabalho e ao socorro espiritual, nela habitam homens e mulheres, jovens e adultos, que já se desvencilharam do corpo físico e que, após o decurso de estágio de serviço e aprendizado, voltam a reencarnar, para atividades de aperfeiçoamento. "Nosso Lar" foi fundada por portugueses desencarnados no Brasil, no século XVI, por meio de enorme trabalho, considerando estar em região próxima ao Umbral, na qual havia *"substâncias ásperas nas zonas invisíveis à Terra, tal como nas regiões que se caracterizam pela matéria grosseira"*.

A partir da descrição de André Luiz, nota-se que, apesar da colônia possuir tecnologias e recursos mais avançados, além da forma e tipo de matéria aprimorada, havia grande semelhança com as estruturas do mundo material, com organização e elementos (praças, casas, edifícios, parques e bosques) similares.

Quanto a isso, o personagem Lísias ainda revela que as cidades terrenas, na verdade, são inspiradas nas cidades espirituais, pois toda manifestação de ordem procede do plano superior, de modo que *"nenhuma organização útil se materializa na crosta terrena, sem que seus raios iniciais partam de cima"*.

A colônia se divide em áreas, sob a responsabilidade de seis Ministérios, quais sejam: o da Regeneração, do Auxílio, da Comunicação, do Esclarecimento, da Elevação e da União Divina. Cada Ministério está sob a orientação de doze Ministros. Na praça central, há o ponto de convergência, onde fica a Governadoria.

Há rigorosa observância da ordem e da hierarquia, no sentido de que nenhuma condição de destaque é obtida por meio de favor, decorrendo necessariamente do merecimento. Contudo, no planeta, o mérito é aferido pelo resultado, enquanto nas colônias, sem a visão limitada dos homens, conta-se mais o progresso realizado que a estagnação em uma posição moral e intelectiva, ainda que relativamente superior.

A lei do descanso é respeitada, de modo a não sobrecarregar os servidores, porém *"a lei do trabalho é rigorosamente cumprida"*. O Governador, inclusive, é descrito como o trabalhador mais dedicado e que quase nunca repousa.

A obra *Nosso Lar* fala, inclusive, da necessidade de nutrição, com relatos de caldos, sucos e frutas, que se assemelham a concentrados fluídicos.

Apesar de haver necessidade de alimentação em toda a colônia, há diferenças quanto à feição substancial: enquanto nos Ministérios da Regeneração e do Auxílio, onde permanecem os espíritos em recuperação ou no desempenho de trabalhos mais pesados, há substâncias alimentícias que lembram as do mundo material, existem outros Espíritos que dominam a *"ciência da respiração e da absorção de princípios vitais da atmosfera"*.

Ademais, existe água na colônia, porém com outra densidade, mais tênue e pura, e que tem como fonte de abastecimento o chamado Rio Azul. O livro destaca que a água é *"veículo dos mais poderosos para fluidos de qualquer natureza"*, sendo utilizada principalmente como alimento e remédio. Relata que, após a magnetização das águas do rio por trabalhadores do Ministério da União Divina, outros institutos realizam trabalhos especiais, no suprimento de substâncias alimentares e curativas. Em Nosso Lar há, também, um indicador de remuneração, denominado bônus-hora. Exerce uma função semelhante ao dinheiro, porém não é propriamente moeda, mas ficha de serviço de cada espírito.

Os habitantes possuem acesso a vestuário e alimentação essenciais, cuja produção pertence a todos. Da mesma forma, as construções em geral representam patrimônio comum, sob controle da Governadoria.

Todavia, aqueles que cooperam ativamente, conseguem a aquisição de outras utilidades e benefícios, como fruto do próprio esforço. Por exemplo, é possível que cada família espiritual obtenha um lar, tal como o do enfermeiro Lísias, visitado por André Luiz e descrito como *"ambiente simples e acolhedor"*, com *"móveis quase idênticos aos terrestres; objetos em geral, demonstrando pequeninas variantes"*.

Apesar da utilização do bônus-hora como parâmetro, verifica-se que a verdadeira aquisição por meio do trabalho é de cunho espiritual: a experiência, o aprendizado, a extensão de possibilidades.

No que tange à locomoção, o livro *Nosso Lar* expõe a existência de um veículo suspenso do solo, para transporte de passageiros, com enorme comprimento, ligado a fios invisíveis. Há notícias de que alguns espíritos da colônia possuem a capacidade de volitar, ou seja, de se deslocar a alguma distância do solo. Contudo, o transporte de espíritos resgatados do Umbral é feito de forma mais rústica, devido à densidade da matéria e também por espírito de compaixão com os que lá permanecem.

André Luiz, por exemplo, foi levado por dois trabalhadores, por meio de um lençol usado como maca posteriormente, já como trabalhador da colônia, relata a chegada de uma caravana de socorro que contava com seis grandes carros puxados por animais.

Essa é uma das razões pela qual as colônias de socorro se localizam nas zonas umbralinas, para que estejam mais próximas dos necessitados, diferentemente daquelas de níveis espirituais mais elevados, em que, apesar da dedicação a outras atividades, que não o acolhimento direto, sempre desempenham muito trabalho na assistência em nome de Jesus.

Considerando a diversidade de cenários possíveis no além-túmulo, mostram-se improdutivos eventuais questionamentos quanto ao destino de outras pessoas no retorno ao mundo espiritual, ou mesmo tentar criar regras comparativas.

Cada criatura é um ser único, um verdadeiro universo, de modo que cada desencarnação é singular. Os casos apresentados na literatura espírita têm a finalidade apenas de expor parâmetros e possibilitar esclarecimentos, de modo a incentivar cada pessoa na reflexão em seu próprio progresso moral.

Os encarnados, todavia, possuem um recurso importante, que permite a colaboração para com aqueles que se desligaram do corpo físico, que são as boas vibrações. Todos possuem em si, pelo pensamento e pela vontade, um poder de ação que se estende bem além dos limites de nossa esfera corporal, por meio da oração.

Apesar de a prece não resultar na mudança dos desígnios de Deus, a alma para a qual se ora recebe um alívio quando encontra almas caridosas que compartilham das suas dores. O desejo de melhorar, estimulado pela prece, atrai para o espírito sofredor os espíritos melhores, que vêm esclarecê-lo, consolá-lo e dar-lhe esperança. Importante considerar que, acima de todas as circunstâncias, encontra-se Jesus e a sua doutrina de amor, que corrige e ampara, sem nunca deixar a sós aqueles que o buscam na sua ânsia de serem felizes.

O intuito de trazer essas informações é simplesmente informar o leitor deste livro que o estudo sistematizado nos afasta da incredulidade, além, é claro, de nos impulsionar evolutivamente levando-nos para outro patamar.

*créditos aos autores citados.

Nina chegou ao hospital naquela manhã e seguiu ao setor de recuperação fluídica, onde uma equipe muito bem preparada trabalhava na recuperação perispiritual.

Quando retornamos à pátria espiritual, normalmente somos encaminhados para esse setor, que é onde nosso corpo fluídico se adapta energética e fluidicamente ao ambiente da colônia em que estamos.

Por estarem em dimensões espirituais diferentes, cada colônia detém uma energia própria, energia essa apropriada aos espíritos que nela vivem ou estão temporariamente. Por esse motivo, os recém-chegados são levados ao refazimento perispiritual.

Ao chegar, Nina se dirigiu a uma sala na qual uma pequena reunião a esperava, um lugar onde se encontravam outros trabalhadores de Amor e Caridade.

Nina Brestonini é voluntária no hospital em que Caio foi recebido. Ao lado de Felipe, Nina coordena os setores onde crianças, jovens e adolescentes são recebidos pelo desencarne através do câncer.

A Colônia Espiritual Amor e Caridade fica dentro da Colônia das Flores, que é uma das maiores colônias espirituais existentes sobre o orbe terreno.

Especializou-se no socorro aos que desencarnam vítimas de câncer, e que quase sempre conservam a impressão da doença no perispírito. Logo, assim que chegam, os espíritos são tratados para que possam se adaptar à nova vida: A vida espiritual.

A colônia inicia-se na parte central de Santa Catarina, nas proximidades de Tangará, seguindo, sem interrupção, até o norte de Goiás. Como pontos de referência, no Paraná, ela está próxima à União da Vitória, a Londrina.

Adentrando São Paulo, às cidades de Presidente Prudente, Pereira Barreto e Santa Fé do Sul. Segue em direção ao sudoeste de Minas Gerais, adentra Goiás, por São Simão, Paraúna, até Alto Paraíso. Essa colônia tem belezas naturais e cultivadas.

As flores estão presentes em todos os cenários, desde as campestres até a jardinagem, onde se encontram as mais variadas espécies, transformando a colônia no Paraíso das Flores.

As edificações, sejam elas hospitais, escolas, laboratórios e residências, são sempre cercadas de esplêndidos jardins, muito bem cuidados, sem falar dos parques e praças, onde a beleza se torna difícil de descrever.

Ao adentrar a periferia da colônia, o espírito já está amparado pelas suas equipes de assistência, as quais vão auxiliá-lo no período inicial.

Há sofrimentos, retratando sempre as últimas impressões da matéria, visto que a colônia socorre a todos que são levados até lá, mas se especializou no socorro aos que desencarnaram vítimas do câncer e que quase sempre conservam a impressão da doença no perispírito.

Como é uma colônia quilométrica, apresenta vários núcleos de tratamento específico, comumente chamados de Colônia das Rosas, em virtude da grande quantidade de rosas brancas, que servem tanto para a medicação da colônia quanto para as equipes fraternas que assistem, em nome da colônia, os cancerosos encarnados.

Há, na parte central, as mais lindas flores. Tonalidades que são variadas e que podem reter a luz do Sol. À noite, são essas flores que iluminam a colônia em um jogo de luz e cores indescritíveis, formando caminhos nas largas avenidas da colônia, como se fossem estrelas de encantadora luminosidade.

– Olá, Nina!

– Oi, Gilberto! Como está o Caio?

– Preparado para ser acordado. Tudo pronto!

– Todos estão avisados do seu despertar?

– Sim, já comunicamos a todos, e a Olívia já está vindo.

– E os demais familiares?

– Também estão a caminho.

– Ótimo!

– Nina, o Daniel gostaria de participar. Podemos esperar por ele? – perguntou Felipe.

– Sim, ter o Daniel ao nosso lado será muito bom.

– Ele me avisou que já está a caminho.

– Eu gostaria de olhar o Caio antes do despertar – disse Nina.

– Ok, vamos até a enfermaria – disse Gilberto.

– Vamos sim, Gilberto.

Gilberto é o médico responsável pelo setor.

Nina, Felipe, Gilberto e Sheila caminharam pelo extenso corredor que dava acesso às enfermarias.

Esse hospital é o principal dentre outros três que existem em Amor e Caridade.

Há uma unidade infantil, outra psiquiátrica, e o Hospital Espiritual Franz Mesmer, este em que Nina estava agora com os seus auxiliares.

Caio estava no leito de número seis, na enfermaria treze.

– Entre, Nina – disse uma jovem abrindo a porta que dava acesso aos leitos.

– Obrigada, Camila.

Todos caminharam até a maca em que ele estava deitado e desacordado.

Nina ficou de pé ao lado de Caio, que estava com o seu corpo espiritual totalmente refeito e dormia em sono profundo.

As macas das enfermarias não possuíam pés, elas flutuavam no ar... e sobre a fronte dos pacientes era possível ver um feixe de luz bem fino e de cor verde, que iluminava a cabeça do paciente em recuperação.

– Ele está ótimo! Vocês fizeram um excelente trabalho pessoal, parabéns!

– Obrigado, Nina! – disse Gilberto.

Daniel adentrou a enfermaria com mais quatro espíritos. Todos se posicionaram ao lado da maca do paciente Caio.

– Daniel, que bom ter você aqui!

– Obrigado, Nina! Como você está?

– Estamos todos bem.

– Eu fico feliz que estejam todos reunidos. Estes são Benoit, Mila e Adrien.

– Sejam bem-vindos à Amor e Caridade! – disse Nina cumprimentando todos os visitantes.

– Eles foram os pais de Caio, e este, o seu melhor amigo na encarnação anterior – informou Daniel apresentando todos.

– Sejam bem-vindos! – disse Felipe.

– Podemos despertá-lo, Daniel?

– Por favor, Gilberto.

Naquele momento, Gilberto e Sheila espalmaram suas mãos em direção à cabeça de Caio, que começara a despertar.

A luz verde que iluminava a sua fronte, se apagou.

Todos estavam ansiosos à espera de Caio.

Lentamente, ele despertava e olhava para todos ao seu redor.

Caio reconheceu Nina, pois era ela e Felipe que estavam ao seu lado no momento do desencarne.

– Oi – disse ele ainda sonolento.

– Seja muito bem-vindo, Caio! – disse Nina.

– Meu rapaz, estávamos todos ansiosos pelo seu despertar.

– Quem é você?

– Eu me chamo Daniel. Esses que estão aqui são Benoit, Mila e Adrien, são seus amigos de outras vidas. Essa, ao nosso lado, é a doutora Sheila, esse é o doutor Gilberto, e esse aqui é o nosso querido Felipe.

Somos todos amigos e estamos aqui para te conscientizar e te receber.

– Onde estou?

– Você está em uma cidade espiritual, criada pelo nosso Pai para nos receber após a morte do corpo físico.

Aqui, você poderá se lembrar de todas as suas vidas e terá as respostas para todos os seus mais íntimos questionamentos.

Mila se aproximou e beijou a face de Caio.

Naquele momento, ele começou a chorar.

– Não chore, Caio – disse Mila acariciando o seu rosto.

– Você foi minha mãe, eu me lembro disso.

– Exatamente. E esse foi o seu pai – disse Daniel apontando para Benoit, que esboçou um sorriso de felicidade ao reencontrar seu filho.

– Você é o Adrien, não é?

– Sim, eu fui o seu melhor amigo naquela vida.

– Quem mais está me esperando aqui?

– Centenas de recordações e espíritos que tiveram a oportunidade de viver ao seu lado em algum momento de sua existência.

– Meu Deus! Estou me lembrando de muitas coisas...

– Sente-se, Caio – sugeriu Felipe.

Caio se sentou na maca e lhe foi oferecido um copo com água por Camila, que assistia a tudo bem de perto.

Sheila estava ao lado de Caio emanando fluidos que o faziam bem.

Caio pegou o copo e bebeu toda a água rapidamente.

– Estava mesmo com sede, obrigado, menina!

– De nada, Caio – disse Camila se afastando.

– Meu Deus! – disse Caio estendendo os braços e acolhendo Mila em seu peito.

– Te amo, Caio!

– Eu também te amo, mãe.

Todos estavam felizes e se abraçavam pelo despertar de Caio.

– O que faço agora?

– Agora, nós iremos para o setor de conscientização, lugar onde poderemos te ajudar a relembrar de algumas vidas, e você entenderá por que desencarnou tão jovem nesta vida.

– Como será que estão minha mãe, meu pai e Laura?

– Nós poderemos visitá-los.

– Jura?

– Juro! Você merece a visita.

– Como assim, mereço?

– São poucos os irmãos que chegam aqui na condição espiritual em que você se encontra, Caio. A maioria volta para a encarnação para ajustes necessários.

– Eu não estou entendendo muito bem.

– É normal essa confusão mental. Vamos para o setor apropriado para suas lembranças... fique calmo e tranquilo, pois tudo lhe será explicado de forma clara e você irá entender tudo o que viveu até o dia de hoje.

– Confesso que estou ansioso para essas descobertas. Sinto o meu corpo recuperado e forte. Preciso compreender essas lembranças, pois são muitas imagens que estão surgindo em minha mente. É estranho tudo isso que estou sentindo, parece que tive muitas vidas e que todas elas estão despertando dentro da minha cabeça... são essas as lembranças do meu legado? Eu realmente vivi tudo isso?

– Elas são suas e iremos entregá-las a você. As lembranças são o seu verdadeiro patrimônio espiritual – disse Daniel.

– Meu Deus! Algo muito lindo está acontecendo dentro de mim.

– Aproveite bem esse momento, ele é mágico! – disse Nina acariciando o ombro de Caio.

– Vamos, eu preciso saber de mim – disse Caio, ansioso.

– Esperemos alguns minutos... – sugeriu Daniel.

Os poucos minutos foram suficientes para que Caio retomasse sua consciência e descobrisse muito sobre si mesmo.

– Vamos, pessoal?

– Vamos, Nina.

Todos deixaram a enfermaria após agradecerem a Gilberto e sua equipe, que se postou para se despedirem de Caio que, emocionado, abraçou a todos e agradeceu de coração.

O grupo foi levado até a porta do hospital, onde toda a equipe se despediu carinhosamente de Caio.

Médicos, enfermeiros, assistentes, maqueiros... todos estavam reunidos para celebrar a mais um irmão que fora atendido e tratado pelos obreiros do amor no Hospital Franz Mesmer.

Todos estavam felizes e radiantes...

> *Morremos quantas vezes forem necessárias para renascermos nos processos evolutivos.*
>
> *Felipe*

Uma nova vida

Todos caminhavam pelas floridas alamedas de Amor e Caridade, quando foram interrompidos por Caio, que se ajoelhou ao ver os lindos prédios esverdeados da colônia.

Nina se aproximou do rapaz e perguntou:

– O que houve, Caio?

– Nina, estou me lembrando desta cidade... estou recordando tudo. Eu vivo aqui...

– E você está feliz em voltar para casa?

– Os meus joelhos ao chão respondem a minha felicidade. Como Deus é bondoso para comigo. Como é linda a vida espiritual.

– Ele é bom para com todos, Caio.

– Eu sei disso, mas, para mim, Ele é especial. Como seria bom se todos compreendessem que Ele tem algo especial para todos os seus filhos.

– Estamos no caminho das descobertas. Todos os dias, centenas de mensagens chegam aos encarnados sobre relatos da vida após a vida... com o tempo, todos compreenderão o que são em essência e, quando esse dia chegar, a dor, a saudade e a distância serão coisas pífias.

– Deus é bom, Nina.

– Levante-se, Caio, vamos àquele prédio mais à frente – disse Felipe mostrando o prédio da Conscientização.

Caio, apoiado em Felipe, se levantou e desculpou-se com todos.

Mila, então, abraçou Caio e seguiu em passos sincronizados ao lado dele.

– Chegamos! – avisou Daniel.

O prédio verde fica localizado na parte central da colônia. Suas paredes são esverdeadas, as escadarias que dão acesso ao lugar são de mármore branco, e as colunas que sustentam a edificação têm tons de um verde mais escuro, o que faz da fachada central um lugar de destaque em Amor e Caridade.

– Como é lindo este prédio! – disse Benoit.

– Ele é bem antigo – informou Daniel.

Adrien estava emocionado com a beleza do lugar e comentou com Nina sobre a perfeição do Criador ao permitir que existam as cidades espirituais.

– Realmente, Ele pensou em tudo para que os seus filhos pudessem ser felizes em todos os lugares.

– É verdade, Nina, como é bonita a colônia na qual vocês vivem.

– De onde vocês vieram?

– Da Colônia Redenção.

– Conheço – disse Nina.

– Estamos lá há muito tempo.

– E o que você faz lá, Adrien?

– Sou coordenador do grupo evangelista.

– Que ótimo!

– Estamos trabalhando... – disse Adrien, orgulhoso da função que ocupa na Colônia Redenção.

– Não pense que vai levar o Caio para lá – disse Nina brincando.

– Sabemos de seu compromisso com Amor e Caridade.

– Ainda bem que sabes – brincou novamente a mentora.

As portas se abriram para receber o grupo de iluminados.

– Sejam bem-vindos! – disse Soraya.

– Olá, Soraya! Como está?

– Estamos todos bem aqui, Mila.

– Estou feliz em revê-la, minha querida.

– Entrem – disse Soraya abrindo ainda mais a grande porta que dava acesso ao majestoso lugar.

Todos entraram e, após cumprimentarem Soraya, se dirigiram a uma grande sala, que se parecia muito com uma sala de cinema, com uma grande tela disposta na parede do fundo.

POR QUE VOCÊ MORREU?

Todos se sentaram na primeira fileira, e logo a sala ficou escura. Nela, começou a aparecer as vidas de Caio.

– Olhe, Caio, essa é a sua vida ao nosso lado – disse Mila.

– Eu me lembro muito bem dessa vida. Lembro-me de que fui assassinado por um estranho.

– Vamos te mostrar quem foi – disse Daniel.

Na cena, apareceu Pierre comemorando com Marcel a morte de Leon.

– Por que ele me matou?

– Ele não queria que você se casasse com Sophie.

– Mas por que ele fez isso? Eu mal conhecia a Sophie. Estávamos apaixonados. Estávamos comprometidos em namoro e, quem sabe, em casamento.

– Pierre cumpriu com o seu papel naquela vida.

– Como assim?

– Olhe para a tela agora.

Na cena mostrada, vê-se Caio assassinando Pierre em uma batalha antiga.

– Compreendi. Aquele que com o ferro fere, com o ferro será ferido, é isso?

– Agora, ele é o Tiago que precisa se ajustar a Laura, o que está acontecendo é que como vocês não se perdoaram, tiveram que resgatar débitos de vidas anteriores, mas você foi, na verdade, o grande beneficiado, e Laura, também será beneficiada ao lado do irmão.

– Beneficiado? Eu?

– Sim, olhe agora.

Na tela, pudemos ver que Sophie, na verdade, é Laura.

– Nos reencontramos?

– Sim, você teve a oportunidade de amá-la intensamente de novo.

– Mas eu morri e a deixei sozinha...

– Na verdade, você só precisava estar ao lado dela por mais esses anos em que viveram juntos. Lembre-se de que você a conheceu ainda pequena, e desde o primeiro encontro começou a amá-la.

– Verdade. Eu amo a Laura desde o primeiro dia em que a vi.

– Laura, ou, se preferir, Sophie, também só precisava desse tempo para que o amor eterno que nutrem um pelo outro se firmasse entre aqueles que, em algum momento, tentaram impedir a felicidade de vocês. Foram algumas vidas, algumas experiências necessárias, não a vocês, mas sim aos espíritos ligados a dezenas de vidas que vocês expiaram, para, finalmente, poderem viver eternamente em uma colônia.

Caio começou a chorar de emoção ao relembrar todo o sentimento que sentia por Laura.

– Daniel, você fez despertar em mim todas as lembranças de todas as vidas que vivi encarnado. Agora, lembro-me de que eu realmente precisava passar por tudo o que passei, para hoje estar aqui ao lado de vocês, livre da necessidade de viver novamente experiências humanas.

– Lembrou-se do nosso trabalho aqui na colônia?

– Sim, Nina, me lembro de tudo agora. Sei de minhas responsabilidades com as crianças vítimas de câncer que chegam aqui todos os dias. Vou reassumir o meu posto e esperar por Sophie, ou melhor, por Laura, para eternizarmos o nosso amor.

– Que lindo! – disse Nina sorrindo.

– Antes de terminarmos, temos uma surpresa para você – disse Daniel.

– O que mereço mais?

– Muito, meu amigo – disse Felipe abraçando Caio.

Sorrindo, Caio abraçou Felipe.

– Venham, vamos à sua casa, Caio – disse Daniel se levantando.

Todos se levantaram e uma névoa violeta os envolveu levando-os ao lar de Luciana.

A tarde era de Sol, e Luciana estava sentada na varanda de sua casa. Em seus pensamentos estava Caio. A saudade era grande e era possível ver em seu peito uma profunda dor.

Caio se aproximou da mãe e a abraçou carinhosamente.

Luciana sentiu o cheiro de Caio e se emocionou, chegou a sentir o abraço do filho carinhoso.

– Mãe, eu não morri. Não chore, não sofra, siga em frente, pois eu estarei aqui no mundo espiritual te esperando para, novamente, vivermos um ao lado do outro – disse Caio ajoelhado aos pés de sua mãe.

Mila estava ao lado do filho.

Todos estavam em volta de Luciana, que era consolada pelos espíritos amigos de Amor e Caridade.

Ela se sentia melhor. Em seu peito, a mancha de amargura se desfazia e ela conseguia sorrir. Seus pensamentos, induzidos pelos de Caio, começavam a mudar e faziam com que ela pensasse em ser feliz, em continuar, e a acreditar que um dia ela iria reencontrar o seu grande amor.

Um carro se aproximava, e Caio reconheceu ser do seu pai.

– Olhem, é o meu pai.

Felipe estava bem, e isso podia ser notado em seu corpo espiritual, que reluzia cores de harmonia.

– Oi, amor.

– Oi, querido.

– O que você está fazendo sentada aqui, amor?

– Lembrando do Caio.

– Eu sinto muita saudade dele também, mas tenho certeza de que onde ele estiver, estará cuidando de nós.

– Ele é um anjo bom, amor.

– Sabe, Luciana, eu acredito que a vida não termina com uma vida apenas... tenho certeza de que Deus preparou algo muito especial para todos os seus filhos. Um dia, nós poderemos abraçar o nosso filho novamente e dizer a ele tudo o que não pudemos dizer no pouco tempo em que ele esteve aqui entre nós. O amor que nos uniu não é um amor que morre, e eu tenho certeza disso, querida!

Luciana se levantou e abraçou Felipe carinhosamente.

– Eu também tenho certeza de que o meu filho não morreu. Eu pude senti-lo... ele me abraçou ainda há pouco, cheguei a sentir o cheiro dele... também espero que um dia eu possa dizer a ele o quanto o amo.

– Esse dia vai chegar, meu amor.

– Agora, vou seguir o conselho que ele me deu ainda há pouco.

– Que conselho, Luciana?

– Vou seguir em frente. Buscar ser feliz.

– Isso, amor, vamos seguir em frente e confiantes de que, um dia, nós nos reencontraremos para sermos felizes eternamente.

– Isso, é nisso que acredito e vou viver a partir de hoje.

Os olhos de Caio estavam cheios de lágrimas de amor, saudade e alegria naquele momento.

Nina se aproximou e abraçou o amigo de Amor e Caridade.

– Agora, vamos ver a Laura – disse Nina carinhosamente.

Eles chegaram a uma clínica veterinária e seguiram diretamente para uma sala na qual Laura estava realizando uma cirurgia em um cão.

Caio se aproximou de seu amor e ficou observando a moça, agora, médica-veterinária, a operar um animal.

– Que orgulho eu tenho dela, Nina. Olhe, ela realizou o sonho dela.

– Ela se formou, e os pais ajudaram a abrir esta clínica que é um sucesso na cidade. Laura seguiu em frente e é feliz, Caio.

– Eu não tenho palavras para externar a minha felicidade em ver que ela superou a nossa separação momentânea.

Por alguns instantes, Laura pausou a cirurgia... ela pressentiu a presença de Caio, e seus pensamentos foram levados até ele.

Ela viu o seu grande amor sorrindo para ela.

– Você consegue 'ver' os pensamentos dela, Caio?

– Sim, Daniel, e estou muito feliz em saber que ela ainda me ama.

– Ela nunca deixará de te amar.

Caio estava feliz. Nina se aproximou dele e disse:

– Você observou o cão que ela estava operando?

– Não.

Caio, então, virou-se para olhar o animal e se emocionou ainda mais.

– É ele... é o Thor, meu amigo – disse emocionado.

– Ela cuida dele desde o dia de seu desencarne.

– Laura, jamais deixarei de te amar. Sigo, agora, com os meus amigos para a vida espiritual e ficarei te esperando para, juntos, seguirmos com a nossa evolução. Te amo e sempre te amarei.

Laura fez outra pausa, parecia que ouvia Caio falar.

Ela esboçou um leve sorriso e pensou...

"Por que você morreu? Queria tanto ter você aqui ao meu lado..."

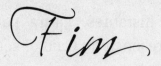

Dedico esta obra aos meus companheiros do Hospital Espiritual Amor e Caridade.

www.hospitalamorecaridade.org

Outros títulos lançados por Osmar Barbosa

Conheça outros livros psicografados por Osmar Barbosa. Procure nas melhores livrarias do ramo ou pelos sites de vendas na internet.
Acesse
www.bookespirita.com.br
www.compralivro.com.br

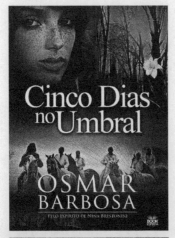

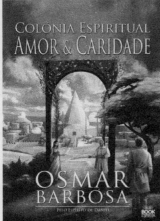
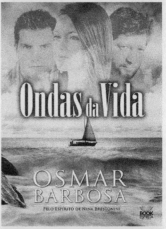

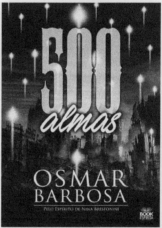

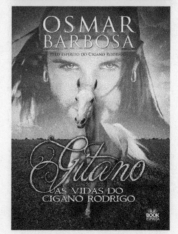

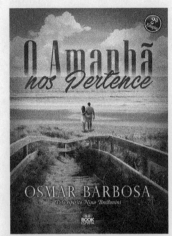

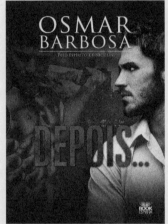
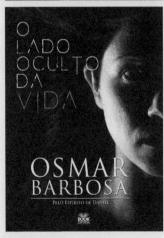
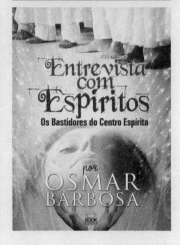

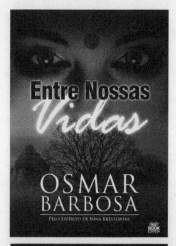
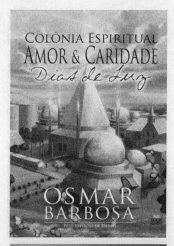
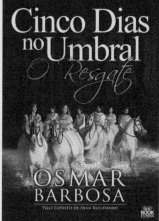

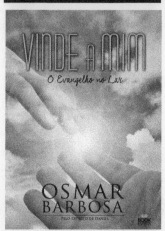
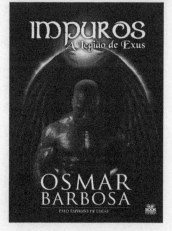

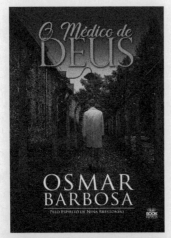
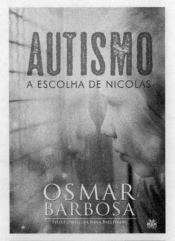

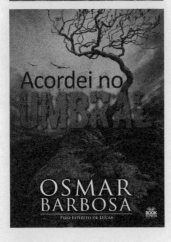

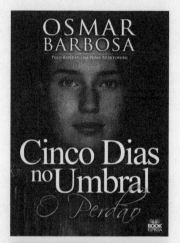

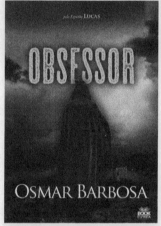

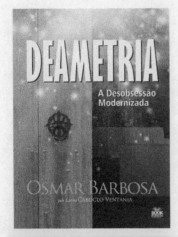
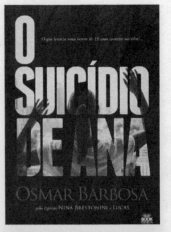
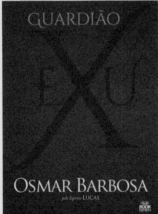
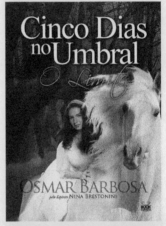
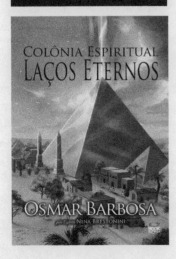

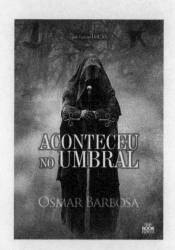

Esta obra foi composta na fonte Century751 No2 BT, corpo 13.
Rio de Janeiro, Brasil.